Faustmann: Modellbahn leicht gemacht!

Ingo Faustmann

Modellbahn leicht gemacht!

GeraMond

Der Autor
Ingo Faustmann, Jahrgang 1960, ist als freier Texter und Sachbuchautor mit dem Schwerpunkt Modelleisenbahnen tätig. Seit mehr als zehn Jahren verfasst er Berichte, Kolumnen und Bücher zu allen Themen rund um die Modellbahn. Bekannt wurde er durch seine kritischen und unabhängigen Kolumnen in den deutschen Magazinen „BahnWelt" und „Modelleisenbahner" sowie in der österreichischen Fachzeitschrift „Schienenverkehr aktuell". Beim GeraMond Verlag sind bereits mehrere Modellbahnbücher von Ingo Faustmann erschienen. Der Autor lebt, zusammen mit seiner Frau, seinen Katzen und seiner Modellbahn, in einem kleinen Ort in der Südeifel.

Für Alwine & Johann:
Ohne deren tatkräftige Unterstützung und Vorbereitung bei meinem Umzug (inklusive der Modellbahnanlage...) in meine Wunschgegend wäre es mir schwerlich gelungen, das Manuskript für dieses Werk planmäßig fertigzustellen. I.F.

Alle Aufnahmen in diesem Buch stammen von Willy Kosak und Markus Tiedtke

Die Deutsche Bibliothek – CIP-Einheitsaufnahme:

Ein Titeldatensatz für diese Publikation ist bei
Der Deutschen Bibliothek erhältlich

ISBN 3-7654-7260-3

im Hause GeraNova Zeitschriftenverlag GmbH, Postfach 80 02 40,
D-81602 München

www.geranova.de

3. Auflage 2003

Lektorat: Thomas Hanna-Daoud
Herstellung: Thomas Fischer
Druck: Printer Trento S.r.l.
Printed in Italy

Inhalt

Ein „lebenslanges

Der Traum eines jeden Modellbahners: Ein Schnellzug in perfekt gestalteter Landschaft

Hobby“ ?
18 452

Bedienung des Gleisanschlusses einer Malzfabrik im Maßstab Ho

Modellbahnprodukte werden – so das gängige Vorurteil „für den Sohn“ gekauft, obwohl sich in Wirklichkeit bevorzugt der „Papi“ damit beschäftigen möchte. Und noch viel schlimmer: Das Hobby – so eine landläufige Meinung – ist eher „ein Fass ohne Boden“, oder anders gesagt: Jeder Euro, der im Haushalt übrig ist, geht unter Garantie dafür drauf – und im Handumdrehen hat man so viel Geld in dieses Hobby gepumpt, dass nicht mal mehr die Anzahlung für das nächste Auto da ist, das man jetzt gerade brauchen würde. Die Frage sei erlaubt: Stimmt das alles so denn überhaupt?

Wer mit dem Gedanken spielt, in das Hobby neu oder wieder einzusteigen, dem reicht mitunter ein kurzer Blick in die Schaufensterauslagen des nächstgelegenen Händlers: Da kann man diverse Loks bewundern, die durchaus mit Preisschildern von 250 Euro aufwärts ausgezeichnet sind. Ein Alptraum also, abgesehen davon, dass man mit einer einzigen Lok noch nicht sonderlich viel anfangen kann...?

Glücklicherweise ist die Wirklichkeit vielschichtiger und es gibt nicht nur die teuren „Sahnestücke“, die die Händler oft als Abschreckungsmaßnahme in die eigenen Schaufenster glauben stellen zu müssen.
Denn: Man muss nicht nur die einmaligen limitierten Auflagen, preisgebundenen Verbands-Sonderserien, megalimitierten Exportmodelle oder teuren exklusiven Metallmaschinen kaufen – es gibt durchaus auch „bezahlbare“ schöne Miniaturmodelle.

Die Modelleisenbahn – und das ist das eigentlich Schöne an diesem Hobby – ist ein so genanntes Systemspielzeug. Das heißt: Das Hobby ist wie ein Baukastensystem langsam, aber sicher ausbaufähig. Man „braucht“ nicht alles auf einmal, sondern kann, so wie es der Geldbeutel zulässt, sich Schritt für Schritt diejenigen Artikel zusammenkaufen, die man später einmal für eine mehr oder minder große Anlage benötigt.

Zum Beispiel so:
- 1. Schritt: Man leistet sich ab und zu ein paar schöne Loks und Wagen und stellt sie dekorativ in der Wandvitrine im eigenen Wohnzimmer aus.
- 2. Schritt: Hat man mal ein paar Euro übrig, kauft man sich in mehreren Schüben in das gewählte Gleissystem, sozusagen auf Vorrat, ein. Auch Zubehör

Der Fernsehtipp: „Liebe, Tod und Eisenbahn“

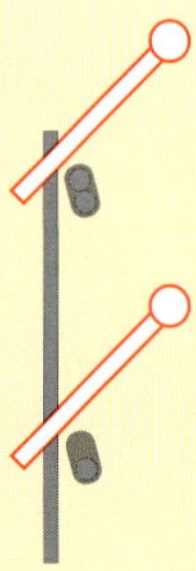

Wer unbedingt einmal sehen möchte, was passiert, wenn man sein Hobby zu exzessiv betreibt, der sollte sich unbedingt den Streifen „Liebe, Tod und Eisenbahn“ ansehen, wenn der im TV wiederholt wird.
Mit Publikumsmagnet Heiner Lauterbach in der Hauptrolle kommt man in dem tragikomischen Film voll auf seine Kosten und kann mitansehen, wie sich Heiners Interesse in rasantem Tempo weg von der Ehefrau hin zum Modellbahnhobby verlagert. Das Ende vom Lied ist: Die Frau des Hauses steigt ebenfalls voll in das Hobby mit ein – und der Hauptdarsteller erhält die Quittung dafür, dass er sich hemmungslos seiner Lieblingsbeschäftigung hingibt.
Ganz zum Schluss wird er von der eigenen Ehefrau schonungslos im Rahmen der Landschaftsgestaltung der Modellbahnanlage im neu entstehenden Gebirge mit eingegipst und ist seinem Hobby somit noch näher verbunden, als ihm das lieb gewesen wäre...

Ein Thema mit steigender Beliebtheit: Sächsische Schmalspur im Maßstab Hoe

wie Signale, Weichenschalter oder Kabel ersteht man im Laufe der Zeit immer dann, wenn Schnäppchen im Angebot sind oder man zu den Glücklichen gehört, denen der Arbeitgeber auch heute noch Weihnachtsgeld zahlt.

■ 3. Schritt: Auch der Zeitvertreib für lange Abende ist schon einmal gesichert, denn die Zubehörfirmen haben eine riesige Auswahl an Modellen und so kann man sich in aller Ruhe für Bahnhöfe, Bahnsteige, Häuserzeilen oder ganze Bahnbetriebswerke entscheiden, die man als Bausätze erwirbt und in seiner Freizeit zusammenbaut.

■ 4. Schritt: Viele Experten sind der Meinung, die fertige Anlage sei eigentlich gar nicht mehr interessant, vielmehr sei es die (meist wohl jahrelange) Planung der eigenen Modellbahnanlage, die eine ständige Faszination ausübe.

Wie dem auch sei: Bis der endgültige Gleisplan einmal fertiggestellt ist, wird sicherlich eine ganz schöne Zeit vergehen – aber das macht nichts, denn das eigene geplante Kunstwerk sollte einem letztendlich ja auch selbst gefallen.

Das Vorurteil also – die Modellbahn als wahrlich „teures Hobby“ – entpuppt sich bei näherer Betrachtung als so nicht haltbar. Viele andere „Männerhobbys“ verlangen am Anfang einen viel höheren Kapitaleinsatz. Nehmen Sie zum Beispiel den Wunsch vieler Mannsbilder nach einem Sportwagen: Da dürfte es Ihnen wenig bringen, sich zunächst das Lenkrad und dann den Ganghebel zusammenzusparen, denn wenn Sie letztendlich beim Motor angekommen sind, dürfte es bereits längst die dritte verbesserte Serienausführung des Wunschmodells geben – und niemand interessiert sich mehr für Ihre vorher zusammengekaufte Ersatzteilsammlung...

Erlaubt ist, was gefällt: Exotische Lok mit württ. Schmalspurwagen

„Eisenbahn spielen“ ist keineswegs kindisch!

Um es gleich vorwegzunehmen: Viele Modellbahnfans mögen schon den Ausdruck überhaupt nicht, sondern sehen das Hobby so: **Mit der Modellbahn „spielt“ man nicht – man beschäftigt sich mit ihr.** Ganz salopp ausgedrückt heißt das: Hier dreht sich alles um ein „ernsthaftes“ Hobby – und nicht um das „spielende Kind im Mann“. Doch ganz abgesehen von dieser Grundsatzfrage gibt es auch genügend fachliche Gründe, die Soziologen und Psychologen bereits ausgemacht haben, warum das Hobby der Modellbahn so beliebt ist.

Modelleisenbahnen sind Produkte, die die eigene Kreativität fördern. Die Theorie sagt, dass man sich hier selbst verwirklichen und sich in einem (kleinen oder großen) Raum seine Welt ganz so entwickeln und aufbauen kann, wie sie der eigenen Planung und Fantasie entspringt.

Deshalb kommt es auch nicht von ungefähr, dass immer mehr Erwachsene gerade dieses Hobby wählen. In unserem Wirtschaftssystem, das auf zunehmende Arbeitsteilung spezialisiert ist, verschafft einem die Modellbahn die Möglichkeit, sich selbst ein funktionierendes Gebilde – vom ersten bis zum letzten Schritt und ohne jegliche Weisungen „von oben“ – herzustellen. Somit kann man in seiner eigenen Welt voll aufgehen, was vielen an ihrem Arbeitsplatz im echten Leben nicht mehr ganz gelingt.

Auch das ist Modellbahn: Die Anfangspackung auf dem Fußboden

Spielbahner, Betriebsbahner und andere Hobbyfreunde

Für die Art und Weise, wie man das Hobby Modellbahn angeht, gibt es keine Verhaltensregeln, die allgemeine Gültigkeit haben. Um das mit einem weiteren Beispiel aus dem Hobbybereich der Sportwagen anzureichern: Auch wenn viele Leute dieses Steckenpferd teilen, müssen sie es noch lange nicht auf die gleiche Weise betreiben. Das fängt schon mit der Wahl der „richtigen“ Marke an: Wer sich einen Ferrari leisten kann, rümpft womöglich über Porsche-Fans nur die Nase – und wer demgegenüber so ein Geschoss aus Stuttgart sein Eigen nennt, mag vielleicht BMW-Fahrer überhaupt nicht.

Auch bei der Modelleisenbahn gibt es unterschiedliche Denkrichtungen, und die fangen – wie wir noch sehen werden – nicht minder bei der Wahl des „richtigen“ Fabrikats an. Anders ausgedrückt: In vielen Clubs gibt es mindestens zwei Lager von Fans, die jeweils denken, die anderen Modellbahn-Enthusiasten, welche die „falsche“ Marke favorisieren, seien eigentlich für das Hobby gar nicht zu gebrauchen und im Grunde genommen bedauernswerte Kreaturen.

Bevor wir uns jedoch darüber tief greifende Gedanken machen, wollen wir uns an einer – wenn auch vereinfachten – Typologie versuchen und die Modellbahnfans in verschiedene Interessengebiete aufgliedern, um so zu sehen, wie man das Hobby betreiben kann (oder auf keinen Fall betreiben will). Eine gar nicht mal schlechte Idee ist es, am Anfang schon darüber nachzudenken, in welche Gruppe der Fans man sich selbst am liebsten einstufen würde, denn untereinander sind diese Strömungen leider sehr oft „inkompatibel" und haben sich daher mitunter auch recht wenig zu sagen...

Typ 1: Der Spielbahner

Ein Hobby soll vor allem Spaß machen – und man sollte es nicht gar zu verbissen sehen, damit einem diese Freude nicht langsam, aber sicher abhanden kommt. Wenn Sie dieses Motto favorisieren und auch noch offen dazu stehen, dann sind Sie der geborene Spielbahner und werden auf Dauer viel Freude an Ihrem Hobby haben. Diese Freude, die vielen Modellbahnern und offenbar erst recht den meisten Fachjournalisten inzwischen abhanden gekommen zu sein scheint, erkaufen Sie sich allerdings mit einigen Kompromissen bei der Nachbildung Ihrer Miniaturwelt:

- Die Devise lautet: Erlaubt ist, was gefällt. Das heißt praktisch, dass Sie durchaus eine moderne italienische Ellok direkt neben einer deutschen Länderbahndampflok aus vergangenen Zeiten in Ihrem Bahnbetriebswerk abstellen „dürfen".
- Die Modellbahnplatte darf ruhig mit Gleisen „vollgepflastert" sein, damit viel Fahrbetrieb und Spielspaß möglich werden – und es ist auch nicht schlimm, wenn sich in den Kurven der ganz engen Radien mitunter die Wagenkästen der langen vierachsigen Personenwagen halb über dem Schienenstrang und halb über der grünen Grasmatte befinden.
- Das „Fun-Moment" ist stark ausgeprägt. Manche fahren sogar Wettrennen und ermitteln mit Hilfe eines Tachowagens, welche Lok die Schnellste ist. Keinesfalls würde ein Spielbahner diesen Wagen ankuppeln, um zu sehen, ob die Zuglok die (umgerechnete) Geschwindigkeit des Vorbilds einhält.

Modellbahn ist „fun": Ein „mini-club"-Zug umrundet den Eiffelturm

Tendenziell scheint sich die Gattung der Spielbahner ein bisschen auf dem Rückzug zu befinden, weil die „Professionalisierung" (leider?) auch das Hobby der Modellbahn mit voller Wucht erfasst hat. Immer mehr Leute sehen die Sache also verbissener – und deshalb muss alles, so weit es eben geht, an die Realität angenähert werden. Mit dieser Denkweise kommt der Spaßfaktor leicht unter die Räder, da man sich dann viele schön aussehende Loks und Wagen gar nicht kaufen „darf", weil sie zur festgelegten Epoche oder zum festgelegten Thema der Anlage („Nebenstrecke der 50er-Jahre im ehemaligen DR-Gebiet mit Diesellokbetrieb") nicht passen.
Als Spielbahner kann Ihnen das nicht passieren, und deshalb wird sich solcher Frust über die sklavische Selbstbeschränkung nie bei Ihnen breit machen. Frustrierend kann höchstens sein, dass es viel zu viel schöne Sachen gibt, die man gern hätte, aber die man sich nicht alle (oder nicht alle auf einmal) leisten kann. Die Kunst des Hobbys besteht also darin, beim Kauf geschickt eine Auswahl zu treffen, die erfreut – ohne dass der Frust mitschwingt, was man alles an begehrenswerten Modellen im Laden zurücklassen muss.

Typ 2: Der Betriebsbahner

Wenn Sie ein Faible für das große Vorbild haben und das Projekt Modellbahn ein wenig realitätsnäher angehen wollen, dann liegen Sie goldrichtig mit einem Typus, der sich „Betriebsbahner" nennt (und meist großen Wert darauf legt, kein „Spielbahner" zu sein...).
Als Betriebsbahner engen Sie Ihr Interessengebiet auf jeden Fall schon mal ein und legen sich am besten auf eine bestimmte Epo-

che und ein bestimmtes Land oder eine Region fest – zum Beispiel: Die moderne deutsche Bahn seit Gründung der DB AG von 1994 bis zur Jahrtausendwende.

Um bei diesem Beispiel zu bleiben, passen dann z.B. hervorragend auf Ihre Anlage: Ein blauweißer InterRegio-Zug, gezogen von einer Elektrolok der Baureihe 103 (möglichst mit „Keks" der DB AG) oder ein IC-Zug mit einer 101 plus einer Wagengarnitur, bestehend aus orientroten und verkehrsroten InterCity-Wagen. Eine Dampflok aus den 60ern mit einem Erzzug oder eine Rangierabteilung mit einer schwarzen Diesellok der Baureihe 236 kommt Ihnen in so einem Fall keineswegs auf die Anlage, da die betreffenden Vorbilder zu dieser Zeit längst den Weg des alten Eisens gegangen waren.

Als Betriebsbahner gehen Sie die Sache weiterhin so an:

- Ihre Anlage planen Sie mit großen Radien und schlanken Weichen, weil der Betrieb dann realitätsnäher aussieht, auch wenn nicht mehr so viel auf die Platte passt. „Weniger ist mehr" heißt in diesem Fall die Devise.
- Sie füllen Ihren Bücherschrank langsam, aber sicher mit Vorbildliteratur zur gewählten Epoche und Gegend, damit Sie immer völlig im Bilde sind, was zu welcher Zeit exakt in der von Ihnen gewählten Epoche auf den Gleisen unterwegs war.
- Die Züge auf Ihrer Anlage werden dem großen Vorbild nachempfunden, was Farbe, Epoche und auch Zugzusammenstellung anbetrifft: Dass sich ein Mehrfaches von 2.-Klasse-Wagen gegenüber den reinen Wagen der 1. Wagenklasse in Ihren Zügen befindet, ist da zum Beispiel selbstverständlich. Zugpackungen der Industrie mit falschen Garnituren (üblich: je 1x ein 1.-Klasse-, ein 2.- Klasse-, ein Pack- und ein Restaurantwagen) kommen Ihnen so auf keinen Fall aufs Gleis – jedenfalls nicht allein in dieser Kombination.

Betriebsbahner „spielen“ nach Fahrdienstvorschrift

Auch als Betriebsbahner muss man jedoch kleine Kompromisse eingehen. So passen aus Platzgründen oft eben nicht die zwölf bis 13 Vierachser des InterCity-Zuges in den Bahnhof – oder die drei 2.-Klasse-Silberlinge an Ihrer RegionalBahn haben leider alle dieselbe Betriebsnummer an ihren Rahmen angeschrieben, aber damit können Sie (hoffentlich) leben, Hauptsache, der Gesamteindruck stimmt.

Typ 3: Der Vitrinensammler

Es gibt Fans, die starten das Hobby zwar mit dem Ziel, irgendwann einmal eine Anlage aufzubauen, aber irgendwie kommt immer etwas dazwischen. Oft hat man es sich eigentlich so ausgemalt, dass man das große Kinderzimmer später einmal in Beschlag nehmen könnte, wenn sich der Sohn nach der Schulausbildung endlich die eigenen vier Wände gesucht hat.

Doch mitunter hat man die Rechnung ohne den Wirt gemacht – und der Nachwuchs studiert danach erst mal acht Jahre und ist dann noch zwei Jahre arbeitslos – eine Zeit, in der er natürlich weiterhin in der „Pension Mami & Papi" wohnt. Dann

Ziel vieler Modellbauer: Die große Welt perfekt im Kleinen

wird erst einmal nichts aus dem Modellbahnprojekt – und so kommen viele Fans auf die Idee, in Erwartung besserer Zeiten alle freien Wände in der Wohnung mit Vitrinen zu bestücken und die wachsende Sammlung an Loks und Wagen dort dekorativ zur Schau zu stellen.

Als Vitrinensammler mutiert man langsam, aber sicher zu einem Experten, der Wert auf optisch perfekte Präsentation legt. Und das heißt:

- Liegen den Loks und Wagen pralle Beutel mit Zurüstteilen bei, montiert man die alle fein säuberlich, um die hässlichen Löcher im Gehäuse zu füllen.
- Bremsschläuche, Lokschürzen und ähnliche Teile werden vorbildgerecht ebenfalls angebaut, auch wenn dies freilich einen späteren Fahrbetrieb kaum noch möglich macht – im Höchstfall steckt man die Teile nur an und klebt sie nicht fest.
- In der Fachpresse verfolgt man gespannt die Extremartikel, mit welchen filigranen Zurüstteilen, bevorzugt von Kleinserienfirmen, man seine Lieblinge noch weiter verbessern (Modellbahner sagen: „supern“) kann. Oder wie man es schafft, durch Marke Eigenumbau das folgende „Problem“ zu lösen: Eine auf dem Dach einer Lok um einen Millimeter zu weit links sitzende und damit falsch positionierte Haltetraverse für einen Pantographen mit Bohr- Spachtel- und Lackierarbeiten so zu versetzen, dass das Modell keine Miniabweichungen mehr gegenüber seinem großen Vorbild aufweist.

Dekorative Zurschaustellung der gesammelten Schätze

Da man auf diese Weise ganz schön viel Arbeit und Zeit in die Verfeinerung der eigenen Modelle gesteckt hat, wird man beim späteren Bau einer Anlage – soll-

Perfekte Präsentation bedeutet auch, die Fahrzeuge betriebsnah zu altern: Fleischmann-BR 94 in fabrikneuem (oben) und gealtertem Zustand

te sie dann doch mal irgendwann entstehen – dazu übergehen, sich für den Fahrbetrieb einfachere und unzugerüstete Maschinen zuzulegen, während die Vitrinenmodelle als purer Hingucker gar nicht mehr dafür gedacht sind, auf einer Modellbahnanlage „abgespielt“ zu werden.

Als Vitrinensammler sind Sie stets bemüht, den Perfektionsdrang des Betriebsbahners noch zu übertreffen. Dass in Ihrer Vitrine nur absolut epochenreine Zuggarnituren ausgestellt sind, versteht sich da fast schon von selbst. Irgendwann werden Sie sich auch damit auseinandersetzen, dass es Kleinserienhersteller gibt, die für Loks und Wagen separate Beschriftungssätze – z.B. als Nass-Schiebeschilder – herausbringen, die einzig und allein den Zweck haben, Loks und Wagen auf andere Betriebsnummern umzubeschriften, damit man letztendlich eine Diesellok der Baureihe 216, die werksseitig mit der Heimatdienststelle „Bw Limburg“ beschriftet ist, wenigstens so umnummern und abändern kann, dass eine Gelsenkirchener Lok daraus wird, die viel besser zu dem Montanzug aus dem Ruhrpott passt, den man in der Vitrine dahinter gehängt hat...

Zeit, Geld und Raum – ist das zuviel verlangt?

Wenn Sie sich entschließen, neu oder erneut in das Hobby einzusteigen, können Sie getrost davon ausgehen, dass es immer Leute in Ihrer näheren Umgebung gibt, die Ihnen dieses schöne Hobby so richtig mies machen wollen, bevor Sie auch nur damit angefangen haben. Das beginnt schon bei den drei Faktoren, die man zur Ausübung des Hobbys angeblich nie im nötigen Umfang haben wird: **Platz, Zeit und das nötige Kleingeld.**

Bei näherer Betrachtung entpuppen sich, wie wir auch schon gesehen haben, diese Vorurteile in der Realität als kaum haltbar:

■ Apropos Zeit: Niemand verlangt von Ihnen, dass Sie an einem Wochenende eine perfekte Großanlage aufgebaut haben müssen, für die andere Leute oder ganze Clubs Jahre brauchen. „Gut Ding will Weile haben" – dieses Motto gilt auch für die Modellbahn.

■ Apropos Geld: Wie und in welchen Größenordnungen Sie Geld für das Hobby ausgeben, bleibt ganz allein Ihnen überlassen. So auch, ob Sie es sich antun wollen, besonders hochpreisige Artikel zu erwerben. Für den Preis einer superlimitierten Metall-Sonderserie mit zusätzlichem Schnickschnack wie digital schaltbarem Motorensound oder Bremsenquietschen bekommen Sie unter Umständen schon zwei „ganz normale" Loks eines anderen Herstellers. Es liegt an Ihnen als Käufer, ob Sie solche Spielchen mitmachen oder preisbewusst kaufen und der Industrie damit als „Marktmacht des Nachfragers" gegenübertreten und ihr letzten Endes den Boden für exklusive Spielereien entziehen.

■ Und apropos Raum: Fast niemand befindet sich in der glücklichen Lage, ein großes Haus zu bewohnen, in dem zufällig die gesamte Dachgeschossfläche brach liegt und im Handumdrehen zum Eisenbahnzimmer umgebaut werden kann. Wie wir gesehen haben, kann man auch klein anfangen (zum Beispiel als Vitrinensammler) und auf später hoffen – oder man befestigt die Eisenbahnplatte herunterlassbar unter der Zimmerdecke. Andere Fans treten einem Modellbahnclub bei und lassen ihre Neuerwerbungen auf der gemeinsa-

Die große Brücke braucht Platz – und der ist fast immer knapp

Ein Extremtyp: Der Stapelbahner

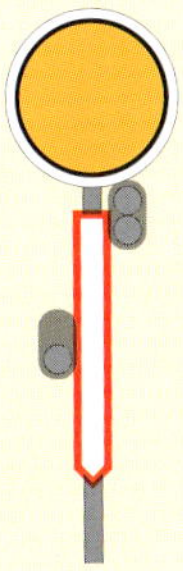

Auch wenn Sie meinen, einigen Leuten sei vielleicht der Sinn fürs Wesentliche beim Hobby abhanden gekommen: Loks und Wagen kann man durchaus – so wie z. B. Briefmarken nach einem Vollständigkeitsanspruch sammeln. Diese Zielgruppe ist bei der Industrie äußerst beliebt, denn für eine festgelegte Sammel-Epoche und ein festgelegtes Land „braucht" der Fan in diesem Fall eigentlich jede Neuerscheinung exakt einmal.

Das ist Musik in den Ohren der Produzenten, und so überschütten sie den Markt förmlich mit immer neuen Farbvarianten oder neuen Betriebsnummern bekannter Modelle, um erfolgreich auszutesten, wie gut bestückt die Geldbörsen der Fans denn nun wirklich sind.

Doch das Spiel ist riskant – und langsam, aber sicher fallen immer mehr Stapelbahner um, entweder, weil ihnen doch einmal das Geld oder, wenn schon nicht das, dann zumindest der Platz zum Stapeln ausgeht. Dann freut sich nur der Second-Hand-Profi, der die ganze Sammlung in seinen Lieferwagen einlädt und die Ware wieder auf dem freien Markt anbietet, so dass Sie als Spiel- oder Betriebsbahner oft zu gemäßigten Preisen an Quasi-Neuware kommen können...

Frauen – „Hemmschuhe“ fürs Hobby?

Halb im Spaß und halb im Ernst heißt es immer wieder, viele Ehefrauen würden es gar nicht gutheißen, wenn „Er“ schon wieder in seiner Aktentasche eine neue Lok ins Haus trägt, während sich in der Urlaubskasse immer noch nicht das nötige Kleingeld befindet. Gehören Sie also zu den Zeitgenossen, die es (noch) nicht geschafft haben, Ihrer Freundin oder Frau den Sinn des Hobbys nahezubringen, helfen vielleicht auch die folgenden Argumente:

- Mit dem Hobby werden keine Gelder mutwillig „kaputt gemacht“, sondern bleibende Werte geschaffen, die nie ganz auf null herabsinken werden.
- Besser, man beschäftigt sich mit einem sinnvollen Hobby als es zu halten wie viele Mitmenschen, die ihr Geld in der nächsten Kneipe versaufen oder auf andere Weise verjuxen, so dass gar nichts davon übrig bleibt.
- Wer sich zu Hause dem Modellbahnhobby hingibt, ist in dieser Zeit streng genommen „unter Kontrolle“ und kann auch nicht auf andere dumme Gedanken kommen, wie z.B. das Flirten mit der netten geschiedenen Nachbarin von nebenan, der man gerade völlig selbstlos ihre Heckenschere reparieren wollte.

men großen Clubanlage fahren. Oder sie nutzen die von einigen Vereinen mittlerweile angebotenen Fahrtage, um ihren Schätzen Auslauf zu geben. Man muss also nicht zwangsläufig gleich in ein doppelt so großes Anwesen umziehen, nur weil man sich ab morgen dem Modellbahnhobby hingibt...

Die Modellbahn – ein modernes Hobby

Ist es überhaupt noch zeitgemäß, mit der Eisenbahn zu spielen – pardon: sich mit ihr zu beschäftigen? Die Frage wird öfter gestellt, gibt es doch inzwischen eine ganze Reihe anderer Freizeitbeschäftigungen, die auf den ersten Blick als „moderner“ gelten – und vielleicht auch noch als preisgünstiger. Computerspiele gehören zum Beispiel dazu.
Dieses Hobby soll hier keineswegs verteufelt werden, denn außer platten „Ballerspielen“ gibt es intelligentere PC-Games, die auch einiges an Geist und Geschick von ihrem Benutzer verlangen. Ob es sich aber dabei um eine pfiffigere Art der Freizeitbeschäftigung handelt, darf durchaus bezweifelt werden. Denken Sie nur daran:

- Bei einem PC-Spiel geben andere Ihnen den Handlungsrahmen oder das Spielziel vor. Mit Selbstverwirklichung oder Kreativität hat das in den wenigsten Fällen zu tun.
- Haben Sie an gar nicht mal so einfachen Simulationsspielen Gefallen gefunden und beherrschen das Cockpit eines Flugzeugs oder die Kunst des Rennwagenfahrens auf nasser Piste, dann können Sie getrost davon ausgehen, dass die Spiele immer noch perfekter werden. Das aber verlangt immer mehr Platz auf Ihrer Festplatte und immer noch schnellere Prozessoren. In zwei Jahren können Sie dann unter Umständen ihre jetzige Computeranlage ausmustern, obwohl die für die tägliche Textverarbeitung noch dreimal gut reichen würde – nur „schafft“ sie eben die neuen Spiele einfach nicht mehr –, und das ewige Bildruckeln verlangt einfach nach dem neuesten PC-Modell...

Steuerung mit dem PC

So wird Ihnen das nicht mit Ihrem ausbaufähigen Hobby Modellbahnen ergehen, auch wenn es im Laufe der Jahrzehnte durchaus zu neuen Tendenzen

kommen kann und beispielsweise ältere Loks nicht oder nur schlecht mit neuester Technik oder modernen Motoren nachgerüstet werden können. Für die Abfalltonne sind solche Produkte dann aber noch lange nicht reif. Und was die Entwicklung auf dem Elektronik-Markt angeht: Auch daran können Sie als Modellbahner auf jeden Fall teilhaben. Dabei heißt „können" keineswegs „müssen" – und so offenbart sich schon die ganze Bandbreite dieses Hobbys.
Wer will, kann seine gesamte Anlage konventionell verkabeln, so wie das schon unsere Väter gemacht haben – und jede Lok einzeln in einem separaten Stromkreis steuern. Es lässt sich aber auch (fast) alles digitalisieren. Modellbahnloks bekommen dank eingebauter Decoder spezielle „Adressen" (= Nummern) zugewiesen und reagieren nur auf diese, so dass sich die komplizierte Verkabelung mit unzähligen Trennstellen auf den Abstellgleisen erübrigt. Die Decoder lassen sich ganz individuell programmieren, zum Beispiel mit einzeln einstellbarer Beschleunigung oder individueller Höchstgeschwindigkeit. Damit hält die High-Tech-Komponente auch in der Welt der Miniatureisenbahn Einzug.
Und wer's ganz modern liebt und sich nicht mehr als der Lokführer, sondern als der Leiter des großen Zentralstellwerks sieht, dem stehen heutzutage Systeme offen, mit denen man die gesamte Fahrstraßensteuerung vom eigenen Computer aus vollautomatisch befehligen kann. Ob dabei letztendlich nicht der Spielspaß viel zu kurz kommt und sich das Hobby in einen reinen „Programmierspaß" verändert, muss jeder für sich selbst entscheiden – Tatsache aber bleibt, dass es unzählige maßgeschneiderte Möglichkeiten gibt, wie sich das Modellbahnhobby betreiben lässt.

Wenn Sie jetzt motiviert sind, die Sache „mit System" angehen zu wollen, dann stellen sich Ihnen Eingangsfragen, die im Folgenden beleuchtet werden sollen:
❶ Welcher Maßstab ist für mich richtig?
❷ Was gehen mich die unterschiedlichen Betriebssysteme an, und
❸ gibt es etwas, was ich über die verschiedenen Hersteller von Modellbahnartikeln besser schon wissen sollte, *bevor* ich mich da einkaufe?

Diese Grundsatzfragen sind deshalb so eminent wichtig, weil die Entscheidungen für eine bestimmte Spurweite oder für bestimmte Fabrikate nicht so einfach rückgängig zu machen sind, wenn Sie nach gewisser Zeit herausbekommen sollten, dass Ihre Anfangsentscheidung vielleicht die für Ihre Bedürfnisse gar nicht optimale gewesen ist...

Ein Hobby für alle Altersschichten

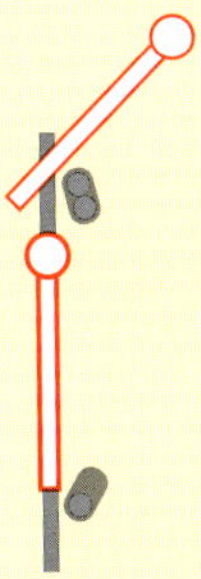

Das Interesse für die Modellbahn geht quer durch alle Altersschichten, wenn auch mit einem klaren Schwerpunkt bei den Männern. Altersspezifische Unterschiede betreffen meist die nachgebildete Epoche. Ihre Wahl wird maßgeblich durch zwei Aspekte bestimmt: den persönlichen Bezug und die Fahrzeugvielfalt im jeweiligen Zeitraum. Das heißt:

■ Die **Zeit bis 1945** haben nur wenige noch bewusst erlebt. Neben ihnen finden auch Jüngere an den Fahrzeugen (Länderbahn- und Reichsbahn-Loks, „Donnerbüchsen", „Hechtwagen") Gefallen. Dennoch: Dieser Zeitraum (die **Epochen I und II**) stellt als Anlagenthema eher die Ausnahme dar.
■ Weit populärer sind die **50er- und 60er-Jahre.** Viele können sich an diese Zeit erinnern, und die breit gestaffelte Fahrzeugpalette (Dampf-, Elektro- und Dieselloks, „Silberlinge", Schienenbusse etc.) macht die **Epoche III** zusätzlich zu einer der beliebtesten Epochen.
■ Einen zunehmenden Reiz übt die **Epoche IV** aus, deren Schwerpunkt die 70er und 80er Jahre sind. Hier gibt es noch eine breite Typenvielfalt und diverse Farbvarianten zu bewundern.
■ Das wiederum ist bei der **Epoche V** kaum noch der Fall. Vor allem Jugendliche schätzen die moderne Bahn und stehen auf ICE-Züge, verkehrsrote Loks und Wagen. Dampfloks gibt es übrigens auch – vor Sonderzügen.

Welcher Maßstab

ist der beste?

Größenvergleich: Dampflok der Baureihe 44 im Maßstab 1:87 = H0 (hinten) und 1:160 N (vorne)

Die wichtigste Grundsatzentscheidung, die Sie zu fällen haben, erstreckt sich zunächst einmal darauf, mit welcher Nenngröße Sie das Hobby betreiben wollen.

Sehr oft zeigt sich in der Praxis, dass der Modellbahner sich einfach fremdbestimmen lässt und dann die Suppe in den folgenden Jahren und Jahrzehnten auslöffeln muss.

Und hier drohen auch schon ein paar typische Anfängerfehler, die Ihnen nicht passieren sollten. Wer sie jedoch kennt, dem werden sie kaum unterlaufen:

Vorsicht – Falle 1: Die alte Anfangspackung wird ausgegraben

Viele fangen mit der Modellbahn (wieder) an, nachdem sie sich daran erinnern, was entweder der eigene Vater früher mal gehabt hat – oder sie kramen zielstrebig den Dachboden nach den ganzen Sachen um, die sich dort irgendwo befinden müssen, frei nach dem Motto: Irgendwann zur Verlobung vor 15 Jahren hab' ich doch mal so eine Anfangspackung geschenkt bekommen... Glaubt man den Zahlen der Industrie, dann müsste eigentlich jeder deutschsprachige Haushalt mindestens ein bis zwei Startpackungen für Modellbahnfans bei sich irgendwo im Haus eingelagert haben, die aber praktisch außer einmal unterm Tannenbaum nicht mehr ausgepackt worden sind.

Die Idee, da weiterzumachen, wo man selbst (oder ein „Schenker") schon mal vor Urzeiten angefangen hat, ist, um ehrlich zu sein, keine besonders gute. Das ist ungefähr so, als würden Sie meinen, Sie müssten nun unbedingt Briefmarken eines bestimmten Landes weitersammeln, nur weil Ihre Omi Ihnen

Der Tipp: Augen auf beim Startpackungs-Kauf

Wenn Sie sich für eine Startpackung erwärmen, zum Beispiel aufgrund eines Super-Preises, richten Sie Ihr Augenmerk darauf, ob diese auch „vollwertige" Ware enthält. Es gibt nämlich Hersteller, die sind hier ziemlich „innovativ", um auf einen günstigeren Verkaufspreis zu kommen:

■ An **Loks und Wagen der „Einsteigerklasse"** können schon mal ganze Bedruckungsvorgänge oder Kleinteile fehlen (Zierlinien sind nicht gedruckt, es fehlen alle Beschriftungen auf den Längsträgern von Loks und Wagen, Details wie Bremsschläuche oder Abgashutzen werden weggelassen, ein rupfender Dreipolmotor ohne Schwungmasse aus „Altbeständen" ist eingebaut usw.). Das offenbart sich allerdings meist erst auf den zweiten Blick. Am besten gehen Sie so vor, dass Sie identische Modelle des betreffenden Herstellers (sofern der Händler diese vorrätig hat) in den Einzelschachteln aus dem Regal ziehen und neben die Version aus der Startpackung stellen – und auch mal einen Fahrversuch starten.

■ Ob das **Wagenmaterial** einer Anfangspackung Ihnen überhaupt zusagt, sollte keine Frage des Preises sein. Überlegen Sie sich, ob Sie wirklich auf Ihrer späteren Anlage den quietschgelben Schienenreinigungswagen einer Startpackung einsetzen wollen, der womöglich noch mit einem kessen Aufdruck des Herstellers verunziert wurde, wie „Alle Fans, ob groß ob klein, finden unsere (So-und-so-) Bahn fein." Das ist tolle Eigenwerbung für den Produzenten, auf der Anlage macht sich beim Einsatz solcher vorbildwidrigen Produkte aber eher peinliche Anteilnahme beim Betrachter breit. Anders gesagt: Der Sammlerwert einer solchen Lachnummer beträgt null Euro.

■ Auch das **Innenleben von Loks** kann sich durchaus auf Sparflamme präsentieren. Unter Umständen gibt's keinen Lichtwechsel – oder gleich überhaupt keine Beleuchtung. Wenn Sie das später nachrüsten wollen, mag das in so einem Fall teurer kommen, als hätten Sie gleich die entsprechende Lok aus der nicht preisreduzierten Normalschachtel erworben.

Auf großem Fuße: Lokschuppenszene im Maßstab 1:22,5 (IIm)

ein kleines Album mit mehr oder minder wertvollem gezackten Papier aus ihrem Erbe gnädigerweise zukommen ließ.

Bedenken Sie, dass Sie auf diese Weise davon „entbunden" sind, darüber nachdenken zu wollen, ob Ihnen der Maßstab so einer Anfangspackung schmeckt, ob Sie das Gleissystem eigentlich wollen, von dem ein mickriger kleiner Kreis mit zwei zusätzlichen Weichen drin ist – und ob das Fabrikat dieser Loks und Wagen eigentlich für Sie „passt". Wenn Sie darauf keinen Gedanken verschwenden, dann ist das schlecht für Sie und gut für die Industrie. Es hat nämlich schon einen Grund, warum diese Startsets größtenteils von den Herstellern subventioniert sind, das heißt, sie weitaus weniger kosten, als wenn man sich den Inhalt einzeln zusammenkaufen würde. Es ist nämlich so, dass der Endverbraucher automatisch beim Rollmaterial und beim Gleissystem damit weitermacht, womit er mal angefangen hat; damit lässt sich in der Folgezeit gut Geld verdienen – und gut verschmerzen, dass man an der Anfangspackung keinen einzigen Euro wirklich verdient hat.

Es spricht also einiges dafür, sich schon am Anfang von einer „Denkblockade" zu befreien und im extremsten Fall NICHT dort weiterzumachen, wo irgendwer mal angefangen hat. Kommen Sie zum Beispiel zu dem Schluss, dass Sie bei einer Spur-Z-Lok ja schon fast eine Lupe brauchen, um die Maschine gebührend bewundern zu können, oder sollte es Ihnen einfach überhaupt nicht gefallen, dass unter Märklin-H0-Loks im Normalfall so sonderbare Skischleifer angebracht sind, was ja wohl kaum vorbildgerecht sein dürfte, dann tun Sie sich es besser gar nicht an, weiter ein System zu kaufen, mit dem Sie sich nicht so recht anfreunden können. In diesem Fall heißt das Zauberwort: „Entsorgung". Geben Sie die schon halb verstaubte alte Anfangspackung an irgendeinen Nachwuchs aus Ihrer Familie weiter oder laden Sie sie beim nächsten Second-Hand-Händler ab – und widmen Sie sich ab jetzt dem Hobby, so wie SIE es wollen. Dies Buch soll Sie bei der Entscheidung begleiten.

Vorsicht – Falle 2: Der freundliche Händler weiß, was für Sie gut ist

Wer neu anfängt oder wieder anfängt, braucht Informationen, damit er die richtige Entscheidung trifft. Eine gar nicht mal so schlechte Idee ist es, sich alle Herstellerkataloge der Anbieter von Rollmaterial und Gleisen der gewählten Nenngröße zu besorgen. Dass die übrigens allesamt Geld kosten, ist ein Phänomen der Modellbahnbranche, und darüber sollte man lieber gar nicht erst nachdenken. Denn während es in anderen Branchen üblich ist, die Verkaufsinformationen gratis abzugeben, muss man hier erst mal die Prospekte kaufen, um zu erfahren, was man sich denn überhaupt kaufen kann. Dabei neigen einige Hersteller sogar dazu, ihre Kataloge von Jahr zu Jahr noch weiter aufzublasen, obwohl das Programm gar nicht zugenommen hat, im Gegensatz zu den ganzseitigen Fotos mit Modellbahnanlagen, die Sie über den Katalogpreis zwangsläufig auch mitbezahlen müssen.

Das Studium dieser Katalogwälzer versetzt Sie schon mal in die Lage, zu sehen, wer eigentlich was anbietet und ob Ihnen die Produktpalette und die Philosophie von Firma XY (oder Teile davon) schmecken oder nicht. Haben Sie sich dann noch einige Preislisten besorgt (z.B. vom Händler oder von Spezialversendern), können Sie schon mal bequem von zu Hause aus vergleichen, wie es denn um das Preisniveau konkurrierender Marken bestellt ist.

„Warum lasse ich mich denn nicht erst mal vom Fachhändler beraten?", werden Sie sich vielleicht verblüfft fragen. Die Antwort ist ganz einfach: Wenn Sie Anfänger sind, können Sie die Qualität des Händlers nicht beurteilen, denn, wie in anderen Branchen auch, gibt es „solche und solche". Im ungünstigsten Fall geraten Sie an einen, der vielleicht nur eine einzige Marke führt („Also, ich hab' nur Märklin; das reicht, alles andere is' eh nix!"). Sie gehen ja auch nicht zum BMW-

Der Händler-Schnelltest: Kann der Fachhändler Sie gut beraten?

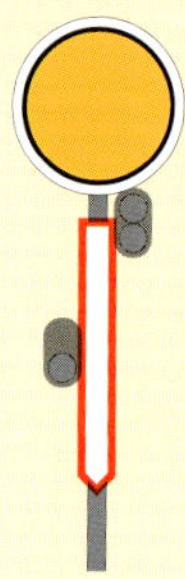

Egal, ob Sie schon wissen, was Sie wollen, oder es gleich oder später erst noch herausbekommen: Gehen Sie ganz locker in die nächsten Läden und äußern Sie, dass Sie jetzt „voll ins Hobby einsteigen wollen" und Beratung benötigen.

Ein guter Händler

- ... befragt Sie erst einmal nach Ihren eigenen Vorstellungen vom Hobby (siehe Spielbahner, Betriebsbahner etc...)
- ... erkundigt sich nach den Platzverhältnissen und diskret vielleicht auch nach dem Etat, damit alles gut zusammen passt
- ... empfiehlt Ihnen nicht nur ein einziges Fabrikat, sondern mindestens eine Mixtur oder Kombination von mehreren („Besonders maßstabsgetreu sind die Loks von Fabrikat A, sehr wartungsfreundlich sind Maschinen von Hersteller B, und bei C kriegen Sie meist schon nach zwei Jahren keine Verschleißteile mehr nach").

Ein schlechter Händler

- ... weiß schon, was für Sie am besten passt, bevor Sie auch nur ausgeredet haben, wie Sie das Hobby betreiben wollen
- ... gibt alle seine platten Vorurteile gleich ungefiltert an Sie weiter und stellt seine Beratungskompetenz damit infrage („Also, wenn Sie mich fragen, Roco ist aus Österreich, Lima aus Italien, ich mein', das ist doch alles nix. Märklin oder Fleischmann, das ist echte deutsche Wertarbeit, Sie verstehen...?")
- ... hat hohe Preise und trotzdem einen schlechten Service („Ersatzteile bestellen Sie am besten direkt im Werk, das geht dann echt schneller als über mich") und ist zudem schlecht sortiert, so dass Sie sich wenig angucken können („Ich kann Ihnen freilich alles bestellen, was Sie wollen, ist doch klar!").

Händler, um ihn zu fragen, welche Automarke er für Sie am geeignetsten hält. Besser ists da gewiss, Sie legen die Marke selbst fest und lassen sich dann vom Händler nur noch beraten, welches Modell mit welcher Ausstattung für Sie infrage kommt.
Manche Händler neigen leider dazu, Ihnen das Fabrikat zu empfehlen, bei dem für sie selbst die Kasse am kräftigsten klingelt, weil sie mit dem Fabrikat XYZ zufällig einen besonders hohen Umsatz erzielen und sich deshalb beim Hersteller in eine große Rabattstufe emporgearbeitet haben. Oder ganz einfach gesagt: Es bleibt bei dem Händler mehr hängen, als wenn er Ihnen Produkte der Konkurrenz empfehlen würde. Die führt er eigentlich nur, weil einige Freaks aus dem Club von nebenan immer wieder danach fragen. Ob das so ist, können Sie nicht sehen – und im Normalfall werden Sie es auch nie erfahren.

Die am meisten verbreiteten Baugrößen

Nenngröße	Modell-Maßstab	Modellspurweite (Vorbild: 1435 mm)	Anbieter für Rollmaterial (Auswahl)	unverkürzte Modelllänge eines Vier-Achser-Personenwagens „Eurofima“ (= 26,4 Meter-Wagen)
Z	1:220	6,5 mm	Märklin	120 mm
N	1:160	9 mm	Fleischmann, Trix, Roco, Arnold	165 mm
TT	1:120	12 mm	Tillig	220 mm
HO	1:87	16,5 mm	Märklin / Trix, Fleischmann, Roco, Brawa, Lima, Rivarossi, Piko, Liliput	303 mm
1	1:32	45 mm	Märklin, Hübner	825 mm

Die Wahl des richtigen Maßstabs

Die Grundsatzfrage Nummer 1 lautet: Welche Baugröße bzw. welcher Maßstab ist für Sie optimal? Dazu sei vorausgeschickt, dass es keine „guten" und „ganz schlechten" Nenngrößen gibt, sondern nur eine Entscheidung, die ursächlich damit zu tun hat, was Sie eigentlich mit Ihrer Modellbahn machen wollen und wieviel Platz Sie dafür maximal zur Verfügung haben.
Die Übersicht zeigt Ihnen die gebräuchlichsten Maßstabsgrößen, in denen Großserienhersteller produzieren, wobei anzumerken ist, dass es diverse weitere Spezialnenngrößen und Spurweiten gibt, so z.B. Schmalspurbahnen der H0-Größe 1:87, die aber auf kleineren Spurweiten laufen (z.B. H0m auf 12-mm-Spur und H0e auf 9-mm-Spur), oder den Maßstab 0, der die Regelspurmodelle in 1:45 abbildet (und folglich eine Spurweite von 32 mm hat).

Die Kleinste: Spur Z (1:220)

Widmen wir uns jetzt etwas detaillierter den fünf bekanntesten Größen:

Spur Z: Die kleinste überhaupt

Zierlich sehen die Fahrzeuge aus und es erscheint einem fast als eine Hexerei, dass diese kleinen Wunderwerke der Technik relativ problemlos über die Gleise rollen. Am besten sollte man die Schienen aber immer gut reinigen, damit die störungsfreie Stromabnahme gesichert ist.
Der größte Vorteil dieser Baugröße ist ganz eindeutig die Möglichkeit, auf einer kleinen Fläche viel Landschaft und Strecke unterbringen zu können. Weitläufiger Anlagenbau und der Betrieb mit vorbildgerecht langen Zuggarnituren sind hier machbar, ohne dass man bei einer mittelgroßen Anlage sofort ins Grübeln kommt, wie man Bahnhof, Betriebswerk und freie Strecke auch nur annähernd auf einer Platte unterbringt, die einfach nicht

Vorteil kleiner Baugrößen: Lange Züge und hohe Berge im Maßstab 1:160 (N)

größer als die Länge des Zimmers werden kann...

Diesem unschätzbaren Vorteil stehen aber etliche Faktoren gegenüber, die nicht unerwähnt bleiben dürfen:

■ Ein Trugschluss wäre es, anzunehmen, die Loks und Wagen seien doch sicher um ein Vielfaches billiger als z.B. N- oder H0-Fahrzeuge, da sie ja nur so klein sind. Tatsache ist zwar, dass man weniger Material braucht, dafür aber ist der Formenbau für so ein Miniwunderwerk eher noch schwieriger und kostspieliger als für ein größeres Modell, und die Auflagen – also die produzierten Stückzahlen – halten auch nicht mit denen der eben genannten Maßstabsgrößen mit.

■ Wer schon jemals versucht hat, ein Glühbirnchen oder ein anderes Verschleißteil an einer 1:220-Lok auszuwechseln, war möglicherweise den Tränen oder dem Zorn nahe. Je kleiner, desto schwieriger, lautet hier in manchen Fällen die Devise.

■ Zudem sei deutlich gesagt, dass Märklin der einzige Großserienhersteller ist, der ein nennenswertes Spur-Z-Programm führt. Das beschränkt freilich die Auswahl der erwerbbaren Modelle – und auch der Zubehörsektor kann bei weitem nicht mit dem weitaus größeren Angebot an Spur-N- und erst recht Spur-H0-Artikeln mithalten.

Somit minimiert sich der Produktvorteil dieser Baugröße einzig und allein auf die Formel: Mit Z bekomme ich „viel Anlage“ auf vergleichsweise wenig Fläche untergebracht. Für eine Vitrinensammlung eignen sich diese Miniaturprodukte aufgrund ihrer bescheidenen Größe ganz gewiss nicht – und wenn man vielen „Augenzeugen“ unter den Händlern Glauben schenken darf, dann hat der Interessentenkreis für die Spur Z in den letzten Jahren nicht unbedingt zugenommen...

Spur N: Die mit den zweitmeisten Fans

Eine Baugröße oberhalb des Spur-Z-Winzlings liegt die 9-mm-Normalspur des Maßstabs 1: 160. Sie ist im Prinzip die konsequent logische Folge, wenn einem der 1:220-Maßstab nicht ganz schmeckt, denn sie minimiert die Nachteile der kleinsten Spur – ohne dass deren Vorteile ganz verloren gehen:

■ Mit einer N-Spur-Anlage ist es immer noch gut möglich, einen einigermaßen realistisch aussehenden großen Bahnhof und eine lange weitläufige Strecke nachzubilden, ohne dass man hier arg viel Kompromisse eingehen muss.

■ Das Angebot der Großserienhersteller an Rollmaterial und Zubehör ist um ein Vielfaches größer als bei Spur Z, und so hat man eine viel größere Auswahl, um realistische Zugkompositionen der ausgesuchten Epoche nachbilden zu können. Außerdem muss man nicht darauf vertrauen, dass eine einzige große Anbieterfirma hoffentlich in Zukunft ein paar mehr Formenneuheiten anstatt der irgendwann ausgereizten Farb- und Beschriftungsvarianten existierender Modelle herausbringen möge.

■ Die hohe Kunst der Detailperfektion ist für die an sich doch sehr kleinen Modelle erstaunlich gut – auch wenn die Miniaturnachbildungen oft nicht nennenswert preisgünstiger sind als die der größeren H0-Spur.

Einige Nachteile, die die N-Bahner in Kauf nehmen müssen, sind aber den Nachteilen der Spur Z vergleichbar und auch nicht einfach wegzudiskutieren.

■ Die Modelle sind durchweg immer noch recht leicht und klein (und bieten von der optischen Wertigkeit her wenig). Das hat – mit kleinen Abstrichen – auch hier zur Folge, dass es einmal Kontaktprobleme bei nicht

Mit Spur N lässt sich auch auf kleinem Raum großzügig bauen

gänzlich gut gereinigten Schienen geben kann, was bei nichtpolarisierten Herzstücken von Weichenstraßen einen mitunter frustrierenden Rangierbetrieb nach sich zieht. Die Anhänger größerer Maßstäbe lästern deshalb auch gern und haben den „Geheimtipp" parat, dass es nie verkehrt ist, immer einen langen Besenstil in Reichweite der Anlage abgestellt zu haben, mit denen man die Zwei- und Drei-Achser-Loks anschieben kann, wenn sie mal wieder auf einem Rangierstück „hängengeblieben" sind.

■ Auch die winzigen Motoren und Antriebe erlauben es nicht immer in der ganzen Bandbreite, die neumodischen Errungenschaften größerer Maßstäbe mitzumachen – wie zum Beispiel eine vorbildgerechte Anfahrgeschwindigkeit oder einen beträchtlichen Auslauf durch große Schwungmassen.

■ Und was ebenfalls bleibt, ist die Tatsache, dass im Reparatur- und Wartungsfall die Teilchen, an denen man sich da versuchen muss, immer noch ganz schön klein sind, so dass eine ruhige Hand und Konzentrationsvermögen erforderlich sind, will man als Lokdoktor Erfolg haben. Umfragen bei Fachhändlern führen zu dem Ergebnis, dass die N-Spur relativ beliebt ist, andererseits aber, was die Fangemeinde anbetrifft, auch nicht mehr im Zunehmen begriffen zu sein scheint. Das heißt: Es steigen offenbar nicht mehr Fans neu ein als alte gerade ausgestiegen sind.

Ein weiterer Grund, warum den Händlern subjektiv erscheint, es würde gar nicht so exorbitant viele Spur-N-Freunde geben, hat damit zu tun, dass auch diese Nenngröße eher für die „Fahrer" bestimmt ist und keineswegs für die stetig anwachsende Fangemeinde der „Sammler", die im wahrsten Sinne des Wortes „Größeres" im Sinn haben.

Das heißt: Der Betriebs- und Spielbahner sieht sehr genau, was er bei sich auf der Anlage unterbringen kann und baut seinen Fahrzeugpark deshalb sehr vorsichtig aus, während der exzessive H0-Sammler, den es durchaus gibt, in seinen Regalen die Lok- und Wagenschachteln –

wie man so schön sagt – bis fast an die Grenze der Bewusstlosigkeit stapelt. Das kann durchaus heißen: Alle N-Bahner zusammengenommen kaufen durchaus viel weniger als der H0-Kundenkreis eines Händlers, auch wenn das zahlenmäßig keineswegs heißen muss: Doppelter H0-Umsatz gegenüber N = doppelt so viele H0-Kunden!

Spur TT: Die Spur der Mitte

Einen Sonderstatus bei den Baugrößen nimmt die TT-Spur (TT kommt ursprünglich von „Table Top", in etwa „auf dem Tisch") ein. Im Prinzip ist es nicht vermessen zu sagen, der Maßstab von 1:120 vereine in vorbildlicher Weise die Vorteile, die die kleinere N-Spur und die größere H0-Spur zu bieten haben. Vorausgesetzt, dies ist nicht nur ein subjektiver Image- und Werbeslogan, müsste man eigentlich eine Kaufempfehlung für TT geben. Leider gibt es hier aber einige nicht zu leugnende Fakten, über die der Anfänger oder der, der „wieder richtig einsteigen" möchte, durchaus erst einmal nachdenken sollte:

- Ihre beste Zeit hatte die 12-mm-Modellspurweite in den alten Bundesländern in den 60er-Jahren. Doch dann verabschiedete sich der führende Hersteller – Rokal – unrühmlich vom Markt und damit ging auch der Niedergang der Nenngröße TT einher.
- Dem entgegengesetzt entwickelte sich TT in der ehemaligen DDR und den osteuropäischen Ländern zu einer überaus beliebten Größe, vergleichbar der Akzeptanz von „H0" in den Altbundesländern. Seit der Wiedervereinigung hat sich besonders Tillig hervorgetan, der Baugröße TT in Gesamtdeutschland einen weiterhin gebührenden Stellenwert zu verschaffen.
- Das Interesse der westdeutschen Industrie und der Fans ist aber bisher, ganz neutral gesagt, etwas „verhalten" gewesen, was die Marktdurchdringung mit TT auf dem Gebiet der alten Bundesrepublik angeht. Man kann es auch so sehen: Es gibt Landstriche, da finden Sie zwar noch einen Modellbahnhändler, aber TT führt der beim besten Willen nicht, auch nicht auf Bestellung.
- Praktisch heißt das: Wohnen Sie in Rostock, haben Sie kein Problem, wenn Sie mit TT anfangen oder weitermachen wollen. Sie sollten in so einem Fall aber Ihre weitere Lebensplanung bereits abgeschlossen haben und sich sicher sein, nie im Leben in die „Altbundesländer" umziehen zu wollen (oder aus Arbeitsplatzgründen umziehen zu müssen), denn es ist kaum anzunehmen, dass Sie in Ostfriesland, in der Eifel oder im Bayerischen Wald einen größeren Händler finden werden, der Ihnen mehr als den Tipp geben wird, Ihr Glück am besten bei Versandhändlern zu versuchen, die jeden Winkel der Republik per Post beliefern.

Was die Sortimentsbreite angeht, ist es zudem nicht verwegen, zu

Zwischen TT und Ho: Schmalspurbahn im Maßstab 1:87 (Hoe)

behaupten, dass das heutige TT-Angebot (noch?) nicht ganz mit der Bandbreite der Spur N mithalten kann – und mit der von H0 schon mehrfach nicht.

Ein Trost für die TT-Fans: Ob sich eine Produktlinie langfristig am Markt durchsetzt, hat nicht ausschließlich damit zu tun, ob die Produktqualität einmalig gut ist, sondern auch damit:

■ Alteingesessene Marktstrukturen werden in einem Industriezweig, der keine extremen Wachstumszuwächse aufweist, schwerlich aufgebrochen. Will heißen: Wenn die meisten Modellbahnfans halt N und H0 haben und wenig neue nachwachsen, tut man es sich als Händler ungern an, noch ein komplettes neues Sortiment dazuzunehmen, unabhängig davon, ob das Produkt gut ist.

■ In den Altbundesländern haftet TT in einigen Kreisen (der so genannten Besserwessis) auf Grund der herausgehobenen Stellung in der ex-DDR noch der Ruf an, da müsse es sich wohl „um minderwertige Ostware" handeln. Gegen Vorurteile hilft allerdings nur: Viel Werbung (und damit ein hoher Kapitaleinsatz!), gute Qualität – und ein langes Durchhaltevermögen...
Immerhin: Bei der Qualität haben sich die TT-Modelle in den letzten Jahren dem Standard von N und H0 angenähert.

Spur HO: Die beliebteste

Wer „die ganze Bandbreite" will, was die Modellvielfalt und das Produktangebot angeht, der wird zwangsläufig H0 („Ha-Null" als Abkürzung von Halb-Null) wählen müssen, denn Schätzungen zufolge sind es etwa drei Viertel aller Modellbahner, die sich für diese Baugröße entscheiden beziehungsweise schon entschieden haben. Wer's nicht glauben will: Der Besuch einer Tauschbörse am Wochenende reicht, und mit leichten Nuancen (und der nicht enden wollenden Zweiteilung zwischen alten und neuen Bundesländern in Deutschland) zeigt sich: Das Angebot an H0 ist erdrückend. Da gibt es meterweise Tischreihen, in denen ausschließlich Produkte des Maßstabs 1:87 angeboten werden, in die dann einige Tischchen mit Angeboten auch von N oder 1 eingestreut sind.

Stark vereinfacht könnte man die Baugröße H0 so spezifizieren: Sie erhält in der Eigenschaftswertung überall Note 1 – nur beim Platzbedarf nicht.
Und das heißt:

■ Das Angebot an Loks, Wagen und Zubehör ist immens groß. Es gibt fast nichts, was es nicht gibt. Oft entstehen bei neuen Fahrzeugen sogar Doppelentwicklungen der Industrie, so dass der Endkunde zwischen verschiedenen Modellen auswählen oder von seiner Lieblingslok zwei Maschinen von zwei Anbietern erwerben kann.

Das HO-Dilemma

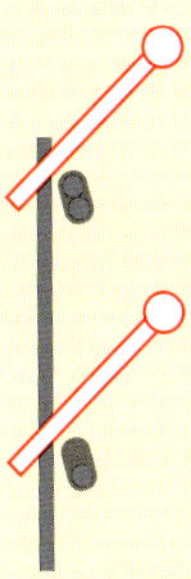

Ohne Dachboden oder Keller, das wird der HO-Bahner schnell erkennen, lässt sich eine größere Anlage nicht realisieren. Ein einfaches Nachrechnen erbringt da verblüffende Erkenntnisse.
Nehmen wir an, Sie bauen nur ein einziges Oval mit zwei Abstellgleisen und möchten einen Schnellzug mit sechs Wagen darauf fahren lassen. Dann ergibt sich folgende Faustregel:
■ Die Lok misst etwa 20 cm.
■ Sechs unverkürzte Wagen á 303 mm machen als Anhängelast mehr als stolze 1,80 m aus.
■ Damit müsste der Bahnsteig schon einmal 2 m lang sein, damit der Zug überhaupt komplett davor stehen kann.
■ Nehmen Sie (ohne Bogenweichen) vor und nach dem Zug jeweils mit einer Weiche eine Abzweigung für zwei Abstellgleise heraus, brauchen Sie zwei Weichenstücke zusätzlich und damit insgesamt einen Platzbedarf von etwa 40 cm.
■ Dann erst können links und rechts die gebogenen Gleise angesetzt werden. Ein mittelgroßer Normalkreis mit einem Radius von 420 mm misst also im Durchmesser von Gleisaußenseite zu Außenseite knappe 90 cm.
Das Fazit: Für Bahnsteig plus zwei Weichen plus den Kreis benötigen Sie allein eine Plattenlänge von mehr als 3,30 m, ohne dass das Gleisgebilde nun wirklich besonders einfallsreich aussieht und großen Spielspaß ermöglicht.

Die Baugröße Ho ermöglicht weitgehend perfekte Gestaltung bei vertretbarem Aufwand

■ Rein psychologisch hat man den Eindruck, auch „ordentlich was fürs Geld" zu bekommen, denn eine Spur-H0-Lok wirkt von der Optik – und meist auch vom Gewicht – her viel mehr als die kleineren Nenngrößen.

■ Viele filigrane Details erkennt man ganz gut auch noch ohne die berüchtigte Lupe, und selbst wer (noch) keine Anlage hat, kann seine Modelle als Blickfang in der Vitrine ausstellen und sich sicher sein, dass sie allgemein Beachtung finden werden.

■ Neuere Errungenschaften der Technik, wie ein großer Auslauf der Loks, Langsamfahrmöglichkeiten oder der Rangierspaß ohne Stehenbleiben auf einem Staubkorn, kommen eigentlich

erst ab dieser Baugröße aufwärts gehörig zur Geltung.

Ein H0-Nachteil darf allerdings nicht verschwiegen werden, und der betrifft die meisten Modellbahnfreunde unter uns, die in ganz normalen Etagenwohnungen leben: Nimmt man ein durchschnittlich großes Zimmer für die Modellbahn in Beschlag, muss man gar zu oft frustriert feststellen: Der Platz reicht einfach nicht!

Aus der Beispielrechnung auf Seite 27 können Sie ersehen, dass Sie mit einer gar nicht einmal so kleinen Länge Ihrer Anlage von stolzen 3,30 m ein Oval mit Schnellzug aufbauen können – und das war's dann auch schon fast. Wenn man bedenkt, dass ein normales (ehemaliges...) Kinderzimmer meist auch nicht länger als 3,50 bis 4 m ist, könnte sich jetzt schon eine gehörige Portion Frust beim Modellbahner breit machen.

Da dieses Platzproblem viele Fans haben, kann man sich mit einer gekonnten Mischung aus verschiedenen Maßnahmen behelfen, zum Beispiel...

- ... dem Einsatz von so genannten verkürzten Wagen, so dass man einen IC-Zug mit sechs Wagen auf eine Länge bekommt, die „eigentlich" für fünf Wagen gedacht ist und
- ... dem Einsatz kleinerer Radien in Verbindung mit engen Bogenweichen, damit sich auf der begrenzten Fläche einfach mehr unterbringen lässt.

Beides aber wird mit sichtbaren Kompromissen in der Detailtreue erkauft: Lange Schlepptenderdampfloks quälen sich durch die viel zu engen Radien (oder springen gar aus den Schienen), die Wagen hängen in den Kurven halb über der Grasmatte – und sehen trotzdem noch irgendwie ästhetisch minderwertig, da leicht „gestaucht" aus.

Wie wir im Rahmen der Diskussion über die verschiedenen Anlagenformen noch sehen werden, hilft da nur eines: Man muss sich rigoros für eine „Reduktion auf das Wesentliche" entscheiden. Und das heißt: Entweder baut man den großen Bahnhof oder die freie Strecke nach, oder man widmet den Platz dem Bahnbetriebswerk oder dem Rangierbahnhof mit Ablaufberg. Nur: Alles auf einmal oder sogar schon die Kombination von zwei verschiedenen Anlagen-Themen wird in den Räumlichkeiten einer Mietwohnung kaum funktionieren.

Wer also – so wie, zugegeben, der Autor vor etlichen Jahren auch – schon mal bei einer Ladenauflösung auf Vorrat zwei große Schiebebühnen kauft, die er später auf seiner 4x2 m großen Anlage als Betriebshof-Highlight inmitten der Fahrstrecke einbauen will, wird nach dem Probeauslegen der ausmaßgewaltigen Lok-Abstellfläche feststellen müssen, dass überhaupt kein Platz mehr für die „eigentliche Fahrstrecke" übrig ist.

Gelingt es einem aber, entweder einen größeren Raum fürs Hobby zur Verfügung zu haben oder alternativ von Maximalansprüchen Abstand zu nehmen (vielleicht reichen doch Vier-Wagen-Züge für den Anlagenbetrieb?), dem wird die Baugröße H0 dauerhaft die größte Freude bereiten. Abgesehen davon machen sich die Loks und Wagen auch in Vitrinen wirklich gut, und wer will, kann die meisten Modelle heutzutage mit einer

Dem Vorbild abgeschaut: Spitzkehrenbahnhof Lauscha (Thüringen) in der Baugröße Ho

Unmenge an Zurüstteilen noch zusätzlich supern, so dass sich schon fast sagen lässt, die 1:87-Modelle stehen den großen Vorbildern des Maßstabs 1:1 in der Detailgenauigkeit dann nicht mehr viel nach.

Und wer als Betriebsbahner mal eine kleine Reparatur an seinen Modellen ausführen oder auch nur einen Haftreifen auswechseln will, der dürfte das (bei den meisten Fabrikaten zumindest) auch als handwerklich nur durchschnittlich begabter Hobbybahner noch hinbekommen, ohne dass ihn diverse Miniteilchen dabei fast zur Verzweiflung treiben werden.

Wer die Wahl hat, hat die Qual, so sagt es ein altes Sprichwort. Das gilt auch für die Nenngröße H0. Ein späteres Kapitel wird Ihnen dabei helfen, zu entscheiden, mit welchen Anbietern Sie auf Dauer die größte Freude haben werden – doch schon vor dem Schritt, welches Gleissystem von welchem Produzenten Sie nehmen wollen, gilt es, die Grundsatzfrage nach dem Stromsystem zu beantworten. Da wird nämlich zweierlei geboten, was der Volksmund mit „Gleichstrom" und „Wechselstrom" bezeichnet. Die Überlegung, wofür Sie sich entscheiden, ist dabei die folgenschwerste Grundsatzentscheidung nach der Wahl der Spurweite, die Sie anfangs getroffen haben. Doch zu diesem Aspekt in wenigen Augenblicken mehr.

Spur 1: Fahrspaß ohne Kompromisse

Wer schon die Diskussion um den Platzbedarf bei H0 mit einem flauen Gefühl in der Magengegend begleitet hat, dem wird angesichts der Ausmaße, die eine Spur-1-Anlage benötigt, schier die Kinnlade nach unten klappen.

Die so genannte Königsspur mit einem Maßstab von 1:32 benötigt für viele Maschinen nicht nur am besten einen Gleisradius von mehr als einem Meter – auch die Zuglänge stellt, absolut betrachtet, jedes noch so große Wohn-

Die Königsklasse: Ein kleines Nebenbahn-Betriebswerk im Maßstab 1:32 (Spur I)

zimmer vor ernsthafte Planungsprobleme.

Wer sich also der Faszination der 45-mm-Modellspur hemmungslos hingeben möchte,

- benötigt vorzugsweise entweder die Grundfläche eines ebenerdigen Einfamilienhauses mit einem großen ausbaubaren Speicher im obersten Stock,
- oder er schließt sich einem Club an, der in geeigneten gemieteten Räumlichkeiten dem gemeinsamen Bau einer prächtigen Spur-1-Anlage fröhnt,
- oder aber er begnügt sich damit, einige dekorative Schaustücke zu erwerben und die als Blickfang auf seinem Wohnzimmerschrank auszustellen – was aber eigentlich schade wäre, wenn man für den Spielnutzen gar keine Verwendung hätte.

Neben dem Platzbedarf ist das Spur-1-Hobby dann, so ganz nebenbei gesagt, auch noch eine Frage des nötigen Kleingeldes. „Mal eben zwischendurch" eine neue Lok leisten kann man sich als Normalverdiener wohl eher kaum – oder anders gesagt: Seinen Fuhrpark rüstet man am besten nach einem festen Beschaffungsplan auf – und da ist eisernes Sparen angesagt, bis man sich eine Personenwagen-Garnitur oder einen Güterwagen-Ganzzug mit passender Lok leisten kann. Von dem heutzutage so beliebten „schnellen Erfolgserlebnis" ist man mit der Spur 1 also noch viel weiter entfernt als bei den anderen, hier aufgeführten Nenngrößen.

Wer aber nur einmal – zum Beispiel auf einer Modellbahnausstellung – eine richtig schön gestaltete Spur-1-Anlage bewundern durfte, der wird sicher zu der Überzeugung gelangen: „Spur 1 ist die wahrhaftig optimale Modellbahn". Sollte Ihnen die Umsetzung dieser Idee aus den angesprochenen Gründen aber versagt bleiben, so trösten Sie sich, denn im richtigen Leben gibt es eine ordentliche Lebensqualität auch ohne ein eigenes Haus mit 200 Quadratmetern Wohnfläche und einem Monatsverdienst, mit dem man fast ein ganzes Modellbahngeschäft als Kunde über Wasser halten kann...

Eigentlich ganz ein
und Gleissysteme

Das A und O für Fahrspaß ohne Reue: Intakte Gleisanlagen. Die Miniaturgleisbaurotte inspiziert mit ihrer Draisine die Ho-Hauptstrecke

fa
triebs-

Ho-Gleise mit Schotterbett im Vergleich: Fleischmann, Märklin, Roco

Wer sich für einen passenden Maßstab entschieden hat, der hat damit eine wichtige Grundsatzentscheidung getroffen – aber daran kann sich unter Umständen die nächste Frage gleich anschließen, so etwa nach dem Motto des freundlichen Autohändlers von nebenan: „Fein, dass Sie sich für einen Kombi entschieden haben, aber möchten Sie einen Benziner oder Diesel? Und wieviel PS brauchen Sie? 75, 225 oder was dazwischen? Und dann sind da noch die 20 Ausstattungspakete...“.
Am Beispiel der beliebtesten Baugröße H0, die Sie gleichzeitig auch mit den meisten Anschlussfragen konfrontiert, soll dem jetzt nachgegangen werden. Und da sind wir auch schon mitten in der Diskussion, die sich im Extremfall in zwei „völlig verfeindete Lager“ aufspaltet.

Die Frage nach dem „richtigen Betriebssystem“

Jetzt geht es wirklich ans „Eingemachte“, denn die Gleichung lautet: „H0 ist nicht H0“. Oder plastisch ausgedrückt: Ob Sie Ihre H0-Fahrzeuge wirklich auf der H0-Anlage Ihres werten Herrn Nachbarn laufen lassen können, ist nicht von vornherein klar. Denn: Obwohl Sie sich beide für den gleichen Maßstab und die gleiche Modellspurweite entschieden haben, heißt das noch lange nicht, dass Ihre Fahrzeuge automatisch auf jeder anderen Anlage der gleichen Baugröße überhaupt auch nur einen Rucker machen.
Das liegt daran, dass es verschiedene Möglichkeiten der Stromzuführung vom Trafo zu den Fahrzeugen gibt, die untereinander nicht kompatibel sind.

Das Gleichstromsystem

Das, was landläufig so genannt wird, nennen Experten etwas genauer „Zweischienen-Gleichstrom-System“ – und das funktioniert so: Die Räder der Fahrzeuge (Loks und Wagen) sind gegeneinander isoliert. Ebenso sind die beiden Schienenstränge einzeln isoliert und wirken somit als zwei unterschiedliche Leiter. Mit Hilfe von zwei Kabeln wird der Trafo mit dem Gleis verbunden (ein Kabel für den linken und ein Kabel für den rechten Schienenstrang). Über spezielle Radschleifer an den Fahrzeugen nehmen diese die Fahrspannung ab und führen sie zum Motor weiter.

Handelsübliche Ho-Gleise ohne Bettung

Das erscheint einem relativ realistisch, heißt es ja im Klartext:

- Über den Trafo geht der „Saft“ an die Schienen.
- Dort geht er auf die Räder über.
- Und die leiten das dann „nach innen weiter“.

Doch es geht auch anders:

„Gleich- oder Wechselstrom" – das ist hier die Frage...

Die Fans der jeweiligen Fahrstrom-Systeme stellen die systemimmanenten Vorteile „ihres" Systems meist so dar:

„Wechselstrom": einfach + störungsfrei

■ Diese Art der Stromabnahme stellt das Optimum in Bezug auf Betriebssicherheit dar, denn die langen Ski-Schleifer liegen immer auf einer ganzen zusammenhängenden Reihe von Punktkontakten auf – und so wird jede komplizierte Weichenstraße oder jede auch nur leicht verschmutzte Schiene mühelos gemeistert. Es gibt also quasi immer „genügend Saft und keine Aussetzer".

■ Auf analog betriebenen können in einem Stromkreis die Lokomotiven auch in unterschiedlicher, das heißt, gegensätzlicher Fahrtrichtung verkehren.

■ Die Planung der eigenen Gleisanlage ist damit einfacher als beim Konkurrenzsystem, weil ich ohne Hilfsmittel Kehrschleifen oder Gleisdreiecke bauen kann und mir der Trafo im Betrieb dennoch keinen Kurzschluss anzeigt. Das erreicht man beim Gleichstromsystem nämlich nur mit einigen Tricks, etwa den Kehrschleifenschaltungen.

„Gleichstrom": realistisch + preisgünstig

■ Da der Strom (fast) unsichtbar über die Rad-Schiene-Verbindung abgenommen wird, bleibe ich von optischen Hässlichkeiten wie Schleifern unter den Loks und unschön aussehenden Punktkontakten inmitten des Schienenstrangs verschont.

■ Auch die Logik des Fahrens ist einleuchtender als bei der Konkurrenz: Regler nach rechts drehen heißt: Lok fährt auch nach rechts; Regler nach links – und schon fährt die Lok nach links. Folglich brauche ich keine zusätzlichen Relais in den Triebfahrzeugen, die dafür sorgen, dass ich die Fahrtrichtung ändern kann – und die, wenn es sich noch um ältere mechanische Umschalter handelt, dafür sorgen, dass das Licht der Wechselstromloks beim Umschalten aufblitzt und die Lok womöglich noch einen leichten Bocksprung macht, bevor es endlich in die Gegenrichtung voran geht.

■ Zusätzliche Bauteile – wie Elektronikrelais – fallen natürlich auch nicht gratis vom Himmel, und deshalb sind die Wechselstromausführungen von Loks meist ein paar Scheinchen teurer als ihre Gleichstrom-Brüder, die in etwa dieselben Lokgehäuse aufweisen, aber weniger preistreibende Innenleben benötigen.

Das Wechselstromsystem

Auf den ersten Blick sonderbar mutet eine ganz andere Möglichkeit an – es ist das so genannte Mittelleiter-Wechselstrom-System, das fachlich ganz genau auch als „Dreischienen-Zweileiter-System" bezeichnet wird. Das funktioniert so: Die beiden nicht gegeneinander isolierten Schienenstränge sind miteinander verbunden und bilden deshalb zusammen einen Leiter, während der zweite Leiter in Form einer Punktkontakt- („Puko-")Leiste zur Verfügung steht. Diese Leiste verläuft in Gleismitte und wird zur Strom-Zuführung benutzt. Da sich in diesem Bereich des Gleises im Normalfall keine Lokteile befinden, die mit den Pukos in Kontakt kommen könnten, behilft man sich folgendermaßen:

Das Märklin-M-Gleis im Wandel der Zeit

■ Der Strom wird von der Puko-Leiste über einen so genannten Ski-Schleifer aufgenommen und an den Motor weitergegeben. Dieser Schleifer sitzt, mehr oder minder gut verdeckt, unter der Lokomotive.

Typisch Märklin: Eine E 94 zieht ihren Zug über die engen Weichenstraßen

Eine Frage darf natürlich gestellt werden, und die heißt: Was soll denn so was? Ist es nicht unrealistisch, wenn meine Fahrzeuge mit Hilfsmitteln ausgerüstet sind, die es in der Realität so gar nicht gibt? Die Antwort ist nicht einfach und führt mitunter zu hitzigen Diskussionen.

Denn jedes System hat seine Vor- und Nachteile – und prägt damit die letzten Endes individuelle Entscheidung, welche Variante die „bessere" ist (siehe Kasten).

Um die Sache nicht komplizierter zu machen, als sie ist, soll nur ganz am Rande noch erwähnt werden, dass es ein am Markt allerdings nicht mehr sehr stark verbreitetes drittes System gibt, nämlich das „Trix Express"-System, welches auch als „Dreileiter-Gleichstrom-System" bezeichnet wird. Hier erfolgt die Aufnahme des Stroms über die beiden voneinander isolierten Schienen, während die Rückführung über eine Puko-Leiste in der Gleismitte erfolgt.

Kommen wir zurück auf die beiden großen Systeme am Markt. Die haben natürlich auch einen Markennamen, und der ist identisch mit einer Zweiteilung des Marktes:

- Das Wechselstrom-System ist gleichbedeutend mit dem Markennamen Märklin.
- Ganz salopp gesagt bildet alles, was nicht Märklin ist, das deutlich größere Gleichstrom-Angebot, das Firmen wie Roco, Fleischmann, Lima, Rivarossi, Brawa, Liliput, Trix usw. abdecken.

In Fachkreisen ist deshalb sehr oft die Meinung anzutreffen, dass es eigentlich nur gut & böse und damit schwarz & weiß gibt – aber nichts dazwischen. Auch in Modellbahnclubs kann es durchaus zwei Lager geben, nämlich die „Märklinisten" und die „Anti-Märklinisten". Anstatt Toleranz walten zu lassen, was unserem gemeinsamen schönen Hobby gut zu Gesicht stehen würde, wird das jeweils andere Lager verteufelt und schlecht gemacht, wo es nur geht. Entsprechende Argumente sind schnell gefunden: Sprüche wie „Das ist ja nur Märklin (...und nichts richtiges)" oder umgekehrt „Das ist ja kein Märklin (...also gar nichts wert)" sorgen für unversöhnliche Fronten. Derartige Grabenkämpfe können sogar dazu führen, dass man innerhalb

Vorurteil über Vorurteil...

Damit Sie ganz schnell mitreden und die Meinung so genannter Experten besser einschätzen können, gibt's jetzt die pauschalen – und zum Teil platten – Meinungen im „Schnellkurs“. Ihre eigene Beobachtungsgabe und Ihr eigenes Urteilsvermögen werden Sie im Laufe der Zeit sicherlich dazu befähigen, herauszubekommen, welches Fünkchen Wahrheit in den sich widersprechenden Aussagen begründet liegt...

Der typische Märklinist...

- ... macht sich überhaupt nichts aus Vorbildtreue und stößt sich deshalb auch nicht an den abnormen Skischleifern unter den Loks und den hässlichen Pukos
- ... hat vom großen Vorbild meist wenig Ahnung, so dass man ihm auch Lokomotiven in Fantasiefarben oder witzige Funktionswagen ohne reales Vorbild unterjubeln kann – bis hin zu wahrlich komischen Konstruktionen wie fahrenden Glücksschweinchen
- ... ist meist der Spielbahner, der auf ultrakleinen Radien mit verkürzten Wagen fährt und dem die optische Peinlichkeit dieser Sache gar nicht mal so richtig auffällt
- ... ist preislich nicht gerade verwöhnt und schluckt deshalb auch Überteuertes, Hauptsache, es steht „Märklin“ auf der Schachtel
- ... würde auch eine Lok mit rupfendem Antrieb und kreischendem Motor kaufen, Hauptsache, sie ist aus Metall.

Der typische Gleichstrombahner (vor allem der so genannte Roco-Freak)...

- ... hat in seinem Perfektionswahn den Spielspaß schon gänzlich vergessen, so dass er seine filigranen Loks noch weiter supert und zurüstet, auch wenn er dann schon kaum noch weiß, wie er die überhaupt in die Hand nehmen soll
- ... hat in seiner Eigenschaft als „Nietenzähler“ nichts Besseres zu tun als mit der Lupe unter jeden Wagenboden zu gucken, ob jede Einzelheit auch dort noch millimetergenau nachgebildet ist
- ... weiß alles besser und schimpft auf jeden Kompromiss, hat es aber bisher noch nicht mal zu einer vorzeigbaren eigenen Anlage gebracht, um zu demonstrieren, wie er das Problem mit den ultragroßen Radien, den unverkürzten langen Wagen und der Gleisreinigung in den langen Tunnels meistert.
- ... müsste schon heute viele schlaflose Nächte haben, wenn er wüsste, dass einige seiner Leib- und Magenfabrikate wegen schneller Modellwechsel ihm bereits nach fünf Jahren keine neuen Zurüstbeutel oder Ersatzteile mehr für etliche seiner Loks werden liefern können
- ... unterwirft sich, angespornt durch völlig überzogene „Verglichen-und-gemessen-Berichte“ in der Fachpresse, sklavischen Selbstbeschränkungen bei der Neuheiten-Kaufentscheidung.

ein und desselben Clubs dann lieber an zwei H0-Anlagen baut: an einer für die Gleichstrombahner und einer für die Märklinisten.

Um es vorurteilsfrei auszudrücken: Fast niemand kann von sich sagen, dass er völlig über den Dingen stehe und deshalb ganz offen für die jeweils andere Denkrichtung sei – und damit für die Produktphilosophie der unterschiedlichen Marken. Auch der Autor nicht. Wenn Sie also meinen, irgendwo in den Beurteilungen schimmere doch verdeckt die Kaufempfehlung durch, für was ich mich an Ihrer Stelle entscheiden würde – oder besser gesagt: Wovon ich eher abraten würde –, so mag das trotz objektiver Bemühungen schon einen wahren Kern haben. Davon unberührt bleibt allerdings, dass Sie aufgrund der zusammengetragenen Fakten und Meinungen selbst entscheiden sollten, welche Denkrichtung am ehesten zu Ihnen „passt“.

Da ein Umstieg von Wechsel- auf Gleichstrom und umgekehrt nicht möglich ist, hat die Industrie zumindest erkannt, dass es eigentlich schade wäre, wenn man bei der Kundschaft der Konkurrenz finanziell überhaupt nicht zum Zuge käme. Die zwangsläufige Folge:

- Märklin stellt Lokomotiven auch für die Gleichstrombahner her. Diese Produktrange hieß früher „Märklin Hamo“ und läuft jetzt unter „Trix International“, da der Göppinger Hersteller 1996 den alteingesessenen

Nürnberger Hersteller übernommen hat.

■ Fast alle Gleichstromanbieter bemühen sich, die meisten ihrer Lokneuheiten auch in Wechselstrom-Ausführungen für die Märklinbahner anzubieten, so dass diese einfach mal austesten können, welches Preis-Leistungs-Verhältnis die Wechselstromloks von Roco, Fleischmann, Lima usw. bieten.

Was den Wagenpark angeht, so stellt sich die Sache so dar: Die meisten Hersteller bieten Tauschradsätze für ihre Wagen an. Die sind deshalb nötig, weil ansonsten Folgendes passieren würde:

■ Märklin-Wagen verursachen mit ihren nicht isolierten Rädern auf Gleichstromanlagen automatisch einen Kurzschluss und legen damit den gesamten Betriebsablauf lahm. Nach dem Aufsetzen eines Märklin-Wagens auf eine Gleichstromanlage leuchtet, dreht man am Fahrregler, eine nette rote Lampe auf – und nichts geht mehr.

■ Gemäß der Logik des Gleichstrom-Systems sind die Räder des Fahrzeugs ohnehin elektrisch voneinander getrennt, so dass umgekehrt der Einsatz auf Märklin-Gleisen – jedenfalls theoretisch – schon funktionieren würde. Dem steht aber entgegen, dass sich die lichte Weite zwischen den Rädern (das so genannte Radsatz-Innenmaß) bei Märklin-Achsen (ca. 14,0 mm) von denen der Gleichstromanbieter (Fleischmann ca. 14,2 mm, Roco ca. 14,3 mm) so unterscheidet, dass die Gleichstrom- (="DC"-) Achsen auf Wechselstrom- (="AC"-) Schienen – besonders bei den Herzstücken der Weichen – Ärger machen und beispielsweise leicht aufbocken. Beim altbetagten Märklin-Metall-Gleis ist dies unübersehbar, beim moderneren K-Gleis klappt es auch ohne Radsatztausch, wenn man nur schlanke Weichen einbaut – und beim neumodischen C-Gleis würde es im Normalfall meist auch ganz ohne Achsentausch funktionieren.

Jetzt haben Sie also die Qual der Wahl, denn rein praktisch gedacht (und das machen übrigens auch einige Clubs so) können Sie ganz freizügig kombinieren, zum Beispiel so:

■ Sie legen als oberste Priorität fest: Ich will das betriebssicherste Gleissystem haben, eines, das im Fahrbetrieb keine Mucken macht. Sie entscheiden sich deshalb für eines der Märklin-Gleissysteme.

■ Sollte Ihnen das Produktangebot des Rollmaterials dieses Anbieters aber nicht gefallen, da Sie lange unverkürzte Personenwagen lieber mögen – und die eine oder andere Lok, die im Märklin-Sortiment fehlt –, dann steht es Ihnen frei, auf diesen Gleisen mit (Wechselstrom)-Loks von Roco, Fleischmann und den anderen Anbietern zu fahren.

Anders herum geht es natürlich ebenso: Sie entscheiden sich, nachdem Sie die Herstellerkataloge gewälzt und die Preise der unterschiedlichen Gleissysteme verglichen haben, für eines der gängigen Gleichstrom-Gleise. Am weitesten verbreitet sind dabei übrigens das Fleischmann-Profi-Gleis sowie das Roco-Line-Gleis. Auf diesen

Achtung: Billig kann ganz schön teuer werden!

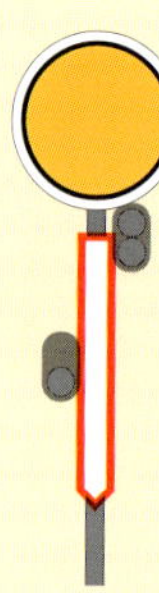

Der nette Fachhändler von nebenan tauscht Ihnen bei den meisten Fabrikaten die Achsen bei einem Neukauf aus – hin und her, von Wechsel- auf Gleichstrom oder umgekehrt, so wie Sie's gerade brauchen.

Aber: Er wird es nicht besonders schätzen, wenn Sie ihm die ganzen Wagen, die Sie gerade auf einer Tauschbörse günstig erworben haben, zum Achsentausch auch noch unterjubeln wollen – und falls die schon leichte Gebrauchsspuren aufweisen, dann erst recht nicht, denn abgespieltes Material kann auch er nicht kostenlos bei seinem Lieferanten wieder „umrubeln".

Das Zauberwort heißt in so einem Fall dann meistens: „Kaufradsätze zum Austausch". Wer aber für einen Zug mit fünf vierachsigen Wagen schon einmal in seinem Leben 20 Radsätze nachkaufen müsste, hat eine Lektion darin erteilt bekommen, ob sich das Gebrauchtschnäppchen von der Tauschbörse vom letzten Wochenende überhaupt gerechnet hat.

Gleisen ohne die störenden Punktkontaktleisten fahren Sie aber bevorzugt mit robusten und alltagstauglichen Maschinen, zum Beispiel aus dem Hamo- und Trixangebot; und ihren Wagenpark mischen Sie mit Produkten aller Hersteller, je nachdem, wer gerade das anbietet, was Ihren Geschmack und Ihren Geldbeutel am besten trifft.

Neuralgischer Punkt: Weichen müssen problemlos befahren werden können

Die Qual der Wahl des passenden Gleissystems

Haben Sie sich im ersten Schritt für ein Betriebssystem entschieden, geht es als nächstes darum, mit welchen Schienen Sie denn jetzt oder später einmal Ihre Anlage zu bauen gedenken. Dabei gibt es für die verschiedenen Baugrößen und Betriebssysteme oft mehrere am Markt eingeführte Gleissortimente, zwischen denen man wählen kann.

Noch einmal der wichtigste Tipp überhaupt:
Auch wenn Sie irgendwo eine alte Anfangspackung „ausgegraben" haben, sollten Sie nicht zwangsläufig daraus den Schluss ziehen, sich auf jeden Fall in dieses System weiter einkaufen zu müssen. Denn wenn sich herausstellen sollte, dass das für Sie gar nicht das ideale Gleissortiment ist, haben Sie letzten Endes wenig davon, nur deshalb damit weiterzumachen, weil Sie nun bereits schon einen Kreis mit zwei Abstellgleisen eben dieses Systems in den Händen halten. Denn: Wenn Sie mal überschlagen, wieviel Sie im Laufe der Zeit das Zusammenkaufen von Gleismaterial für eine mittelgroße Anlage kosten wird, sind die 30 Schienen, die Sie zufällig schon im Haus haben, eine wirklich zu vernachlässigende Größe, was die Gesamtkosten für einen kompletten Anlagenbau anbetrifft.

Am Beispiel der Baugröße H0 schauen wir uns einmal genauer an, zu welchen Entscheidungen Sie sich durchringen könnten.

Gleise fürs Märklin-System

Hier ist es ziemlich überschaubar, wenn Sie sich für ein Gleis des „Hausanbieters" aus Göppingen entscheiden. Im Einzelnen gibt es drei Systeme:

- Das „M-Gleis": Das betagte Metall-Gleis, auf dem schon unsere Großväter fuhren, ist langsam, aber sicher in die Jahre gekommen und läuft aus. Mit seinem lauten Resonanzkörper und seinen „Rumpelqualitäten" für das Rollmaterial sollten Sie nicht unbedingt einen ernsthaften Gedanken daran verwenden, sich hier einzukaufen – es sei denn, Sie sehen sich als eingeschworenen Modellbahn-Nostalgiker.
- Das „K-Gleis": Früher war das Kunststoff-Gleis die einzige realistische Alternative zum M-Gleis und hat auch heute noch viele Anhänger. Es überzeugt durch die Möglichkeit schlanker Radien und Weichen und sieht ziemlich realistisch aus.
- Das C-Gleis: Es ist das modernste Gleis (mit integrierter Bettung) und damit sozusagen der Nachfolger des verstaubten M-Gleises. Es hat diverse System-Vorteile und wird auch vom Hersteller am meisten forciert.

Vorbildlich: Großzügige Radien und eingeschotterte Gleise in Ho

Gleise fürs Gleichstrom-System

Hier gibt es eine viel größere Auswahl für die verschiedenen Vorlieben der Modellbahner. Die meisten Händler sind im Normalfall am besten sortiert beim Roco-Line-Gleis (mit und ohne Bettung) und beim Fleischmann-Profi-Gleis. Beide Hersteller bieten darüber hinaus noch weitere Gleissysteme an, die sich aber auf dem Rückzug befinden: Bei Roco ist es das so genannte 2,5- mm-Gleis (wozu wir gleich noch kommen werden), Fleischmann führt zudem das „Modellgleis" mit seinen etwas sonderbar anmutenden messingfarbenen Schienenprofilen im Programm.

Daneben existieren aber noch andere Gleissysteme, z.B. das Lima- und Rivarossi-Modulgleis und das Tillig-Elite-Gleis.

Wer jetzt herausfinden möchte, welches „das beste Gleis" ist, müsste die Aufgabenstellung eigentlich umdefinieren und sich fragen: *„Was ist das beste Gleis für mich?"*. Die Herstellerkataloge geben jeweils erschöpfend Auskunft über die verschiedenen Gleissysteme, deren Optik, deren Radien und das Gesamtangebot, so dass man sich dort gut durcharbeiten kann. Im Kasten auf der rechten Seite habe ich formuliert, worauf Sie im Sinne von „plus" und „minus" Ihr Augenmerk richten sollten, um herauszubekommen, welches Gleissystem Ihre individuellen Bedürfnisse am besten trifft.

Schienen-Profilhöhen der führenden HO-Anbieter

Märklin-K-Gleis	2,7 mm
Märklin-C-Gleis	2,3 mm
Roco-2,5 mm	2,5 mm
Roco-Line	2,1 mm
Fleischmann-Profi-Gleis	2,5 mm
Fleischmann-Modell-Gleis	2,7 mm
Lima-/Rivarossi-Modulgleis	2,25 mm
Tillig-Elite-Gleis	2,1 mm

Haben Sie diese Checkliste erfolgreich durchgearbeitet, sehen Sie eigentlich schon ganz klar. „Eigentlich" heißt dabei: Die Herstellerkataloge verheimlichen meist etwas, was aber dummerweise für einen störungsfreien Anlagenbetrieb extrem wichtig ist. Zu diesem Zweck ist es unerlässlich, ein ganz kleines

Die Wahl des „optimalen" Gleissystems

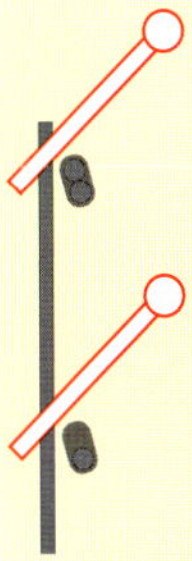

Gibt es mehrere Anbieter für Ihre Nenngröße, dann sollten Sie anhand der folgenden Checkliste errmitteln, welche Vorzüge Ihnen besonders wichtig sind, denn so fällt die Wahl schon viel leichter, welches Gleissortiment das für Sie optimale ist. Fragen Sie sich deshalb:

- Wie wichtig ist mir die **Zukunftssicherheit** eines Sortiments? (Wollen Sie also ein sich „auf dem absteigenden Ast" befindliches Gleis kaufen, nur weil das vielleicht etwas preisgünstiger ist?)

- Möchte ich lieber ein **Gleis mit Bettung oder eines ohne** – zum Beispiel, weil mir die Bettungen der Großserienhersteller nicht gefallen und ich die Gleisbettung eines Fremdanbieters kaufen werde – oder weil ich überhaupt keine Bettung benötige, die ja meistens über einen erhöhten Preis des Gleises auch mitbezahlt werden muss?

- Erlaubt das Gleissortiment das Verbauen mehrerer unterschiedlicher und auch schlanker realistischer **Radien** und Weichen – und gibt es, wenn mir eine großzügige Anlage wichtig ist, auch schlanke Bogenweichen oder halt nur welche für die engsten Radien?

- Wie hilft mir die Gleisgeometrie, wenn ich nur **wenig Platz** habe und deshalb ein bisschen tricksen muss, zum Beispiel mit Dreiwegweichen, die aus einem geraden Gleisstück gleich zwei Abzweigungen auf einmal herausholen?

- Wie sieht es mit dem **Preisniveau** der Anbieter für ihre Gleissortimente aus? Staune ich vielleicht die berühmten „Bauklötze", wenn ich sehe, um wieviel das Preisniveau bei ein und demselben Händler voneinander abweichen kann, wenn ich mir einmal zu Vergleichszwecken von Sortiment A und B die Preise für eine 20 Zentimeter lange Gerade und eine normale Weiche mit Elektroantrieb ansehe?

- Wie **betriebssicher** sind die Weichenherzstücke und Radlenker eines Gleissystems? Oder anders gefragt: Habe ich da tote Stellen auf einer Seite des Schienenstrangs oder festeingebaute rumpelnde Herzstücke zu überwinden?

- Was kann mir der Fachhändler über die **dauerhafte Verfügbarkeit** eines bestimmten Gleissortiments sagen? Oder: Gibt es doch tatsächlich Hersteller, bei denen es „normal" ist, dass elektrische Weichenantriebe oder lange flexible Gleise ein halbes Jahr lang auf der „Rückstandsliste" stehen, ohne dass man überhaupt etwas davon geliefert bekommt?

bisschen in den Bereich von Technik und Zahlen einzusteigen.
Vor etwa zehn Jahren begann bevorzugt im Gleichstrom-Markt eine Strömung, die man mit „herunter von der hohen Schiene" beschreiben könnte. Vor allem Fachjournalisten und Realismusfreaks, die sich eher an Messschiebern als am Spielspaß ergötzen, bekamen heraus, dass die Schienenprofile der gängigen Gleissortimente alle viel zu hoch sind. Das soll angeblich störend aussehen, was wohl stimmt – jedenfalls, wenn man davon ausgeht, dass man es jetzt ja weiß; und wenn man dies weiß, dann wirkt das psychologisch so, dass man jetzt sehr betrübt darüber sein muss, wie schlimm das wirklich aussieht.
Hierbei geht es übrigens um Maße im Zehntel-Millimeter-Bereich, denn bis zum heutigen Tage haben es diese „Modellbahnpäpste" geschafft, ihren Kodex wie folgt zu definieren: Eine Profilhöhe von 2,5 mm ist schon nicht mehr ganz klasse; 2,1 mm sollten es also höchstens sein, damit man noch absolut „in" ist.
Wollen Sie sozusagen an der Spitze des Fortschritts mitmarschieren, müssten Sie sich zwangsläufig von den meisten Fabrikaten verabschieden. Doch so einfach sollten Sie sich die Entscheidung nicht machen. In Ihre Überlegungen lassen Sie besser eine weitere Frage mit einfließen, die lautet:

Möchte ich auch „ältere" Loks auf meiner Anlage einsetzen?

Was für eine Frage, mag mancher denken, denn: Was ist denn

Lange Wagen brauchen schlanke Radien

exakt unter „älteren Loks" zu verstehen – und warum ist das überhaupt wichtig?

Dabei ist es so: Die Loks rollen nicht einfach mit ihren Laufflächen auf den Schienen, sondern werden durch die innen liegenden Spurkränze erst im Gleis gehalten. Da es vor etlichen Jahren noch keine Diskussion um zierliche Schienenprofile gab, sprach auch nichts gegen ziemlich hohe Spurkränze an Loks und Wagen. Der Einsatz von „älteren" Loks auf „neueren" Niedrigprofilschienen, wie z.B. Roco-Line, kann deshalb unter Umständen zu folgendem Praxisschock führen:

Unser Tipp: Der Test vor Ort bringt Gewissheit

Profis kaufen eine neue Lok prinzipiell nur dann, wenn sie bei der Probefahrt im Fachhandel störungsfrei auch auf einem Probestück des eigenen Gleissystems fährt. Kauft man hingegen auf einer Modellbahnbörse eine Lok, so kann man natürlich Pech haben, dass dort als Probegleis nur etwas ausliegt, auf dem man selbst nicht fährt.
In so einem Fall hilft nur: Bringen Sie Ihre eigenen Probeschienen mit und lassen Sie einmal kurz den Trafo an diese anstöpseln...

Älteres Rollmaterial mit seinen hohen Spurkränzen läuft bei 2,1-mm-Schienen auf den Schwellen und Weichen-Herzstücken auf und bewegt sich damit ratternd und humpelnd auf den so genannten modernen Gleissystemen.

So etwas sieht ziemlich frustrierend aus – und während man bei Wagen dieser Peinlichkeit mitunter noch durch einen Achsentausch abhelfen kann, müssten bei Lokomotiven – meist in einer Fachwerkstatt – die Spurkränze abgedreht werden, damit die Maschinen keine Probleme mehr machen.

Leider kann man nicht genau sagen, welche Loks von welchem Fabrikat und welchem Baujahr denn nun auf 2,1 mm fahren und welche nicht. Tatsache ist, dass die meisten Maschinen aus den 70er- und 80er-Jahren (bis in die 90er hinein) auf Niedrigprofilschienen gehörig Ärger machen dürften. Bevorzugte Kandidaten dafür sind tendenziell Märklin-Hamo-Loks, Trix-Loks, Lima-Loks, aber mitunter auch Fleischmann-Loks – und damit schon weitaus mehr als einem lieb sein kann.

Wer also mit dem Gedanken spielt, sich nicht nur fabrikneue Ware zuzulegen, die etwa ab Mitte der 90er-Jahre in den Handel gekommen ist – und wer sich damit die Möglichkeit offen halten will, auch ältere Maschinen einsetzen zu wollen –, der ist gut beraten, zu überlegen, ob er sich wirklich – der Optik wegen – mit einem Gleissystem von 2,1 Millimetern anfreunden will.

Gleisabstände und Radien sollten durch Tests ermittelt werden. Nichts ist frustrierender, als wenn auf der fertigen Anlage zwei entgegenkommende Züge einander gegenseitig aus den Schienen hebeln

Je größer die Spurweite, desto detailreicher können die Gleise sein. Im Bild von oben nach unten Gleise der Baugrößen 1, 0 und H0. Das Spur 1-Gleis besticht durch die Maserung der Schwellen

Alt und Neu in den fünfziger Jahren: Ein Schienenbus begegnet einem Dampfschnellzug

„Alt“ und „Neu“ gleichzeitig?

Ein Problem in H0: Die verschiedenen Kupplungssysteme. Mit der Roco-Universalkupplung wird es leichter

Anhand der Diskussion über niedrige Schienenprofile und hohe Spurkränze haben wir es schon gesehen: Leider vertragen sich „alt und neu“ nicht immer miteinander.

Das ist aus zweierlei Gründen wichtig zu wissen:

1. Wenn ich noch „alten Krempel“ auf dem Dachboden wiedergefunden habe oder ihn mir als Auslaufprodukt günstig besorgen kann, dann sollte ich schon Gewissheit haben, ob nicht bereits der Zahn der Zeit an diesen Sachen nagt oder sie womöglich nicht mit neueren Produkten kompatibel sind. Und falls ich

2. ganz neu einsteige, dann ist es sicher besser, wenn ich mir keine Produkte andrehen lasse, von denen ich erst später erkenne, dass sie bereits am Tag des Kaufes vom „Zug der Zeit“ abgehängt waren und deshalb, obwohl billig, eigentlich immer noch viel zu teuer gewesen sind.

Denn in den letzten Jahren hat es mehrere einschneidende Strömungen gegeben, die durchaus Verbesserungen in die Modellbahnlandschaft gebracht haben, so dass es lohnt, darüber nachzudenken, ob man diese Innovationen auch (oder ausschließlich) für die eigene Modellbahnplanung nutzen will.

Thema 1: Alles über „Kurzkupplungen & Co.“

Eine der Errungenschaften des letzten Jahrzehntes ist die Einführung von Kurzkupplungssystemen bei allen führenden Herstellern. Dabei geht es strenggenommen nicht nur um die Kurzkupplung („KK“) an

Zweiachsiger H0-Wagen mit Kurzkupplungskulisse (KKK)

sich, sondern um drei Innovationen, die alle irgendwie miteinander zu tun haben:

- die Kurzkupplung („KK“)
- den Normschacht und
- die Kurzkupplungs-Kinematik („KKK“)

Früher war alles (scheinbar) ganz einfach, denn am besten kaufte man sich die Loks und Wagen „seines“ Lieblingsherstellers, kuppelte sie alle aneinander – und dann passte es schon. Schwierig wurde es aber mitunter, wollte man den Wagenpark unterschiedlicher Hersteller miteinander im selben Zugverband fahren lassen. Zwar

Kupplungstausch: Gefragt sind Fingerspitzengefühl und eine ruhige Hand

Abenteuer Kupplungstausch: Ruhige Hand gefragt

Wer eine klassische Kupplung gegen eine andere austauschen will, kann sich unter Umständen einige Arbeit aufhalsen – vorausgesetzt, es gibt überhaupt eine passende Kupplung zum Tauschen. Beim Umrüsten einer klassischen Hakenkupplung vom System Fleischmann auf eine Bügelkupplung kann sich im ungünstigsten Fall folgendes abspielen:

1. Die Lok (oder der Wagen) wird um 180 Grad gedreht, um an die Kupplung zu kommen. Das aber so, dass auf dem Dach nichts beschädigt wird – nicht, dass dabei zierliche Isolatoren abkrachen.

2. An der Kupplung wird mit einer Kombizange ein winziger Befestigungssplint herausgezogen, damit man die Kupplung entnehmen kann.

3. Die Austauschkupplung steckt man jetzt so in die Aufnahme, das sie hinten einen leichten Druck auf eine Richtfeder ausübt. Diese soll dafür sorgen, dass die Kupplung automatisch nach Kurvenfahrten wieder in die Mittellage rückgeführt wird.

4. Danach muss man versuchen, den Befestigungssplint wieder hineinzudrücken.

5. Dabei ist die Chance 50:50, dass nun aufgrund des Drucks die Richtfeder nach vorn oder hinten kippt oder sonst irgendwie verrutscht.

6. Ist der Splint dann drin, fühlt sich die Kupplung irgendwie „labberig“ an und stellt sich nicht wieder automatisch auf die Mittelstellung zurück, da der Halt durch die Richtfeder fehlt.

7. Also wird die Prozedur mit noch mehr Fingerspitzengefühl mehrfach wiederholt.

8. Irgendwann hat man es geschafft, den äußeren Ansatz des Befestigungssplints nach mehrfachem Beackern mit der Zange so zusammenzuquetschen, dass sich der Splint überhaupt nicht mehr richtig halten und arretieren lässt. Also muss man sich auch noch einen Ersatzsplint besorgen, den der freundliche Fachhändler (hoffentlich) bereit hält.

9. Beim zehnten Versuch springt auch noch die kleine Richtfeder aus der Halterung und man müht sich zehn Minuten lang auf dem Fußboden ab, findet sie aber nicht mehr wieder.

10. Nachdem man beim Händler auch noch die Richtfeder neu erstanden hat, gelingt es einem nun endlich, die Austauschkupplung zu befestigen. Inzwischen ist das erste T-Shirt durchgeschwitzt und man ist mit den Nerven am Ende.

Die Hersteller bieten eine Vielzahl verschiedener Kupplungen an

Bei jüngeren Fahrzeugen sind die Kupplungen problemlos zu wechseln

boten und bieten einige Hersteller Umrüstkupplungen für die Kupplungssysteme der Konkurrenz an; nur da schon im Normalfall ein und derselbe Hersteller diverse eigene unterschiedliche Kupplungen im Programm führt und dann auch nicht unbedingt für alle seine Exotenkupplungen Tauschprodukte für die Konkurrenz bietet, sind einem genügend Stolpersteine für einen reibungslosen Betrieb von „Mixgarnituren“ in den Weg gelegt worden.

An klassischen Kupplungen sind, ohne da in die Tiefe gehen zu wollen, bekannt:

- Die allseits beliebte Bügelkupplung, die beispielsweise Märklin, Roco und Lima verwenden;
- die Fallhakenkupplung, die die Firma Fleischmann über Jahre hinweg an ihren Produkten einsetzte, sowie
- die Klauenkupplung: Ein Kupplungstyp, den früher einmal auch Märklin nutzte und der heute, vor allem in den USA, als Kadee-Kupplung „zum guten Ton gehört.“

Da das Ummontieren von Systemkupplungen zum einen Geld kostet und zum zweiten ganz schönes Geschick erfordern kann, hat sich die Industrie inzwischen auf eine lobenswerte Neuerung geeinigt: den Normschacht.

Das ist nichts weiter als eine genormte Kupplungsaufnahme, in die man neuere Austauschkupplungen aller Fabrikate einstecken und diese dann auch wieder entnehmen kann. Dabei kommen einem die neueren Kupplungstypen der Hersteller zugute, die meist über ein schwalbenschwanzförmiges Ende verfügen, das sich nach Durchschieben durch den Schacht automatisch arretiert – und umgekehrt durch leichten Druck auch wieder lösen und in die Gegenrichtung hinausschieben lässt.

Wagen und Loks, die über Normschächte verfügen (auch als „NEM-Schächte“ bekannt; NEM steht für Normen Europäischer Modellbahnen), bieten noch etwas: Man kann in diese Schächte freizügig Kurzkupplungen (wie auch genormte Normalkupplungen) für Normschächte hineinstecken. Zwar gibt es natürlich – so musste es ja kommen – unterschiedliche KK-Systeme, beispielsweise von Fleischmann, Märklin und Roco, aber das ist in der Praxis halb so schlimm, denn die lassen sich jeweils im praktischen 50er-Pack erwerben – und dank des Normschachtes kann man dann alle Loks und Wagen im Handumdrehen mit dem Kupplungstyp seiner Wahl ausstatten.

Die Kurzkupplungen – so sagt es schon das Wort – bieten Modellbahnern einen ganz besonderen Vorteil: Mit ihnen kann man Loks und Wagen besonders kurz (sozusagen Puffer-an-Puffer) kuppeln und damit optisch realistische Zugzusammenstellungen fahren, bei denen die früher unvermeidbaren hässlichen Abstände zwischen den Wagenübergängen – dort wo die klassischen Kupplungen aufeinander treffen – nicht oder fast nicht mehr auftreten.

Die Logik ist, dass ein realistisches Puffer-an-Puffer-Fahren in engen Gleisbögen Ärger macht, weil die Wagenpuffer in den inneren Bögen dann unsanft aneinanderstoßen, so dass es die Wagen aus dem Gleis wirft. „KKK“ heißt deshalb die dritte Innovation, damit ein Fahren mit Kurzkupplungen überhaupt einen tieferen Sinn macht. Das heißt, in den Kurven schwenkt die federnd gelagerte Kupplungsdeichsel mitsamt der gesamten KK aus und verhindert somit Entgleisungen am laufenden Band.

Dabei geht es mitunter noch durch, wenn die Lok „nur“ eine KK hat und der erste Wagen eine KKK. Doch hängen zwei Modelle direkt aneinander, die beide nicht über eine funktionierende Kurzkupplungs-Kinematik verfügen, dann sieht es düster aus in der erstbesten zu meisternden engen Kurve, wo der Normschacht für sich allein genommen seinen Vorteil mit den kurzen Lok- und Wagenabständen im Fahrbetrieb nicht ausspielen kann. Deshalb ist er nicht gleichzeitig mit einer „KKK“ verknüpft.

Die meisten Firmen sind inzwischen dazu übergegangen und haben den hochwertigen Teil ihres Rollsortiments derart überarbeitet, dass alle Wagen auf den Standard mit Normschächten und Kulissenführungen gebracht wurden. Oft ist das (Bei-

In der Geraden ist Kuppeln meist kein Problem

Kuppeln in der Kurve hingegen ist nicht immer einfach

Ein feiner Zug: Kurzgekuppelter Eilzug mit maßstäblich langen Wagen

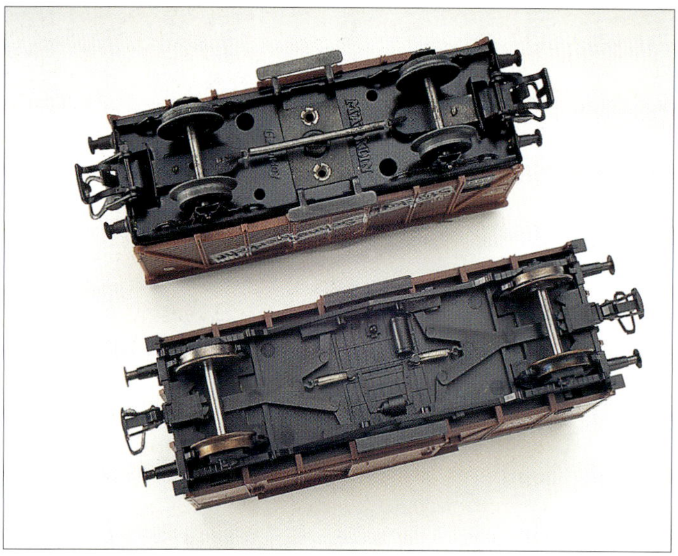

Alt und Neu: Zweiachsiger Güterwagen mit herkömmlicher Bügelkupplung (oben) und Kulissenführung (unten)

spiel: Fleischmann) auch schon auf der Verpackung ersichtlich: Entweder ist dann ein „K“ aufgedruckt – oder bei älteren Wagen halt keines.

Generell gilt: Finger weg von Loks und Wagen ohne Schacht und „KKK“!

Ein und derselbe Wagen kann durchaus einen Marktwert haben, der um 50 Prozent differiert – und das liegt nur daran, ob man mit ihm Puffer an Puffer mit Normschacht + KKK fahren kann oder nicht. Denn inzwischen hat es sich herumgesprochen: Es sieht irgendwie sonderbar aus, wenn zwischen den Wagen im Zugverband riesige Lücken klaffen, so dass die Reisenden quasi während der Fahrt mit einem Riesensprung von einem Wagen auf den nächsten springen müssten, wollten sie sich vom letzten Wagen zu dem im ersten Drittel eingereihten Speisewagen durchkämpfen.

An dem heutigen „KKK-Standard“, der in jedem Maßstab Einzug hält, sollten Sie als Modellbahner nicht mehr vorbeigehen! Es wird sogar der Tag kommen, da werden Sie einen Wagen ohne Kulissenführung und Normschacht nur noch an Kinder verramschen können. Denn es wird selbst die Spielbahner nerven, die zwischen ihre Neuerwerbungen, die eine KKK besitzen, auch keine alten Wagen ohne diese Errungenschaft mehr hängen wollen, da das den optischen Gesamteindruck doch heftig stört.

Kaufen Sie sich Zuggarnituren neu oder auch second hand, dann achten Sie am besten darauf, dass Sie nur Wagen mit dem Standard „KKK + Normschacht“ erwerben. Denn haben Sie auch nur einen einzigen älteren Wagen in Ihrem Zugverband mitlaufen, der diese Errungenschaften noch nicht aufweist, dann ist der Vorteil einer optisch schönen Garnitur dahin – und Sie müssten den Wagen am besten gleich ausmustern. Ein „Schnäppchenpreis“ für solche alten „Mühlen“ kann sich also als klassisches Eigentor entpuppen!

Die sicherste Methode: Entkuppeln von Hand

Tipps für Preisbewusste: Was auch ohne „KK" und „KKK" einen Sinn macht

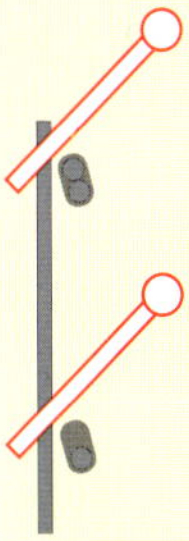

■ Wen etwas ältere Modelle ohne „KKK" doch reizen sollten, da sie meist zu deutlich niedrigeren Preisen zu erstehen sind als die neuesten Varianten mit Schacht und Kurzkupplungs-Kinematik, der sollte seine Überlegungen auf den Güterwagensektor fokussieren. Hier verfügen viele Modellbahner noch über große Altbestände an Wagen mit starrer Bügelkupplung, für die es häufig keine KKK-Nachrüstsätze (mehr) gibt. Da Güterwagen ja meistens nicht wie Personenwagen mit ihren Übergangs-Faltenbälgen aneinander stoßen, fällt es im Fahrbetrieb wie beim Rangieren nicht unbedingt negativ auf, wenn die Wagen nicht mit KK ausgerüstet sind und folglich auch nicht Puffer an Puffer fahren.

■ Zudem hat man in seiner Vitrine oder auf der Anlage vielleicht noch ein paar ältere Loks im Einsatz, die auch mit fest montierten Bügelkupplungen ausgestattet sind und die man eigentlich nicht alle ausmustern wollte. In diesem Fall kann es sogar ratsam sein, den gesamten Güterwagenbestand – also auch die KK-fähigen neuen Wagen – mit Bügelkupplungen auszurüsten, ohne auf der Anlage oder im Schaukasten gleich mit einem Zugverband einen katastrophalen optischen Eindruck zu erwecken.

■ Bei Personenzuggarnituren nimmt man optisch einen größeren Abstand zwischen Lok und erstem Wagen nicht gar so störend wahr wie innerhalb des Zugverbandes bei den Wagenübergängen. Fahren Sie also mit kompletten Garnituren (z.B. Wendezügen), die nicht andauernd in Rangiermanöver für neue Zugzusammenstellungen verwickelt sind, dann geht es auch so: Hat die Lok noch eine alte starre Systemkupplung (z.B. Bügel) ohne Schacht, dann kuppeln Sie die (neue) Garnitur untereinander kurz und statten nur den ersten und den letzten Wagen an den Zugenden mit einer Bügelkupplung für Normschächte aus. Dann können Sie die älteren Lokomotiven bedenkenlos mit neuerem Wagenmaterial einsetzen!

Digital machts möglich: Selbsttätiges Entkuppeln an jeder beliebigen Stelle

Thema 2: Analog oder digital – was ist heute „normal“?

Die Modelleisenbahn gilt als ein „technisches Hobby“, und so hat es sich wohl angeboten, dass die Industrie Handlungsbedarf dafür sieht, das Modellbahnhobby zu einer „modernen Freizeitbeschäftigung“ weiterzuentwickeln – nicht, dass man in einigen Jahren womöglich glaubt, die Beschäftigung mit der Eisenbahn sei ein verstaubtes und die mit dem heimischen Computer ein modernes Steckenpferd. „Digital“ heißt deshalb das Zauberwort, wobei viele gar nicht ganz genau zu wissen scheinen, was sich denn alles dahinter verbirgt. Und so denkt sich mancher nur soviel:

- „Digital“ ist gleichbedeutend mit: gut, modern, Superfunktionen, „braucht man“.
- „Analog“ (hässlicherweise auch „konventionell“ genannt) steht für: alt, vorsintflutlich, „braucht man heute nicht mehr“, reif für den Müll.

Diverse Bücher nehmen sich dieses Themas im Detail an und gehen zum Beispiel auf die unterschiedlichen am Markt angebotenen Digitalsysteme ein, die im Übrigen permanent weiterentwickelt werden, so dass das, was heute gilt, schon morgen ein alter Hut sein kann. Diese detaillierte Beschäftigung mit dem Digitalthema soll anderen Fachpublikationen vorbehalten bleiben.

Die klassische Bügelkupplung braucht hingegen ein Entkupplungsgleis

Als „analog" hat sich demgegenüber das eingebürgert, womit schon unsere Väter und auch Großväter fuhren: Ganz normal „klassisch", ohne technischen „Schnickschnack" zusätzlich.

Nehmen wir uns einmal als Beispiel das motorisierte Rollmaterial vor. Man kann viele Maschinen als Analogloks oder als (teurere) Digitallokomotiven erwerben, wobei einige Systeme gut durchdacht sind, so dass man sich noch nicht jetzt und hier festlegen muss: Die Lokomotiven sind in so einem Fall ab Werk erst einmal quasi analog mit einer Schnittstelle ausgerüstet, in die man dann später einen Digitaldecoder einsetzen und sie damit nach eigenem Wunsch digitalisieren kann. Digitallokomotiven verfügen über einige systemimmanente Vorzüge, welche die Analogloks nicht haben:

- Lastgeregelte Decoder ermöglichen, dass die Loks immer mit der gleichen Geschwindigkeit fahren – egal, ob's nun mit einem langen Zug bergauf oder bergab geht.
- Man kann mit ein und demselben Steuergerät gleichzeitig viele Loks und Züge auf einmal auf der Anlage steuern und alle mit unterschiedlichen Geschwindigkeiten betreiben. Außerdem lässt sich jede Lok an x-beliebigen Stellen abstellen, ohne dass es dafür komplizierter Stromkreisschaltungen oder des Einbaus von Trennstellen mit massenhafter Verkabelung bedarf.

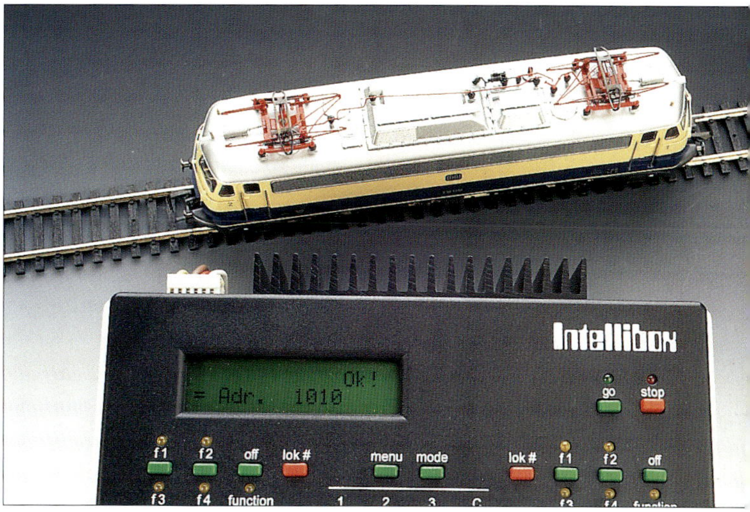

Kernstück des digitalen Fahrens: Steuereinheiten wie die „Intellibox"

Ohne HighTech geht es nicht: Auswahl verschiedener Decoder

- Bei modernen Digitalloks sind – soweit vorhanden – diverse Zusatznutzen schaltbar (Standlicht, Lokpfeife etc.), was im Analogbetrieb nicht möglich ist.
- Bei Lok- und Wagenmaterial lässt sich Konstantlicht schalten – auch im Standbereich, so dass man von den Nachteilen der konventionellen Technik verschont bleibt, bei denen meistens das Licht – sind es nicht Dioden – umso heller brennt, je schneller die Lok fährt – und wenn der Zug anhält, auch zwangsläufig alle „Funzeln" gleich mit ausgehen...

Ein wahrlich starkes Argument ist vor allem die Tatsache, dass

Märklin Digital: Steuergeräte und Blick ins Lokinnere

Fahrregler für den Digitalbetrieb

man im Digitalbetrieb jede Lok einzeln aufrufen und somit unabhängig voneinander mehrere Maschinen mit verschiedenen Geschwindigkeiten gleichzeitig fahren lassen kann. Hier darf allerdings die leider nicht sehr häufig gestellte Frage nach dem Spielnutzen dieser Innovation gestellt werden.

Bisher war es eigentlich so, dass sich der Modellbahnfan in seiner Eigenschaft als Betriebsbahner meist auch als Lokführer verstand, der sozusagen die Verfügungsgewalt über eine Lok im Rangierbetrieb oder über einen Zug auf der Strecke ausübte. Relativ unrealistisch ist es demgegenüber, sich zur gleichen Zeit als Lokführer von mehreren Zügen zu sehen, denn es ist unschwer zu erkennen, dass das auch im Maßstab 1:1 kaum funktionieren dürfte.

Ganz abgesehen davon darf man sich durchaus fragen, was es eigentlich für einen Sinn macht, zehn Züge gleichzeitig betrachten zu dürfen, wenn man eh' nur zwei Augen im Kopf hat, die sich zudem auch nur parallel bewegen lassen. Tatsache ist, dass das Hobby mit diesen digitalen Neuerungen eher in Richtung „Faszination der Technik" hin verschoben wird, um auf diese Weise – hoffentlich – mit anderen Hobbys, die als „modern" gelten, konkurrieren zu können.
Beim gleichzeitigen Betrieb von x Zügen auf einmal sind Sie aber nicht mehr der Spiel- und Betriebsbahner vor dem Fahrpult, sondern fungieren entweder als Leiter des örtlichen Zentralstellwerks oder gar als Computerfreak, der sich eine komplizierte Fahrstraßensteuerung ausgedacht hat, mit der er mehrere Züge sogar noch parallel über den heimischen PC steuern kann. Mit dem Hobby „Eisenbahnspielen" hat das alles verschwindend wenig zu tun...

Wie fange ich als Neueinsteiger an: analog oder digital?

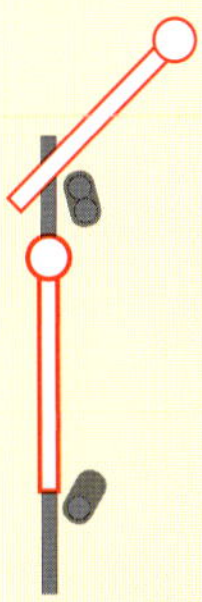

Eine allgemeingültige Entscheidung (ähnlich so wie bei der Wahl des „richtigen" Gleissystems) gibt es nicht; folgende Fakten sollen Ihnen aber bei Ihrer individuellen Wahl helfen.

Vorteile von „digital"

■ Die Digitalidee wird von der Industrie und eigentlich allen Fachmagazinen vorbehaltlos promotet. Deshalb wird es in der Zukunft verstärkt Produkte geben, die über Zusatzfunktionen verfügen, die nur digital angesteuert werden können. Als Analogbahner werden Sie irgendwann diesen Nutzen zwangsläufig mitbezahlen müssen, verwenden können Sie ihn aber nicht.

■ Der Verkabelungsaufwand einer Anlage wird geringer, weil Sie nicht unzählige Gleisabschnitte mit Trennstellen ausrüsten müssen, damit Sie die Loks darauf alle einzeln abstellen und „abschalten" können. Digitalisierte Anlagen ermöglichen es Ihnen, jede Lok an jedem Platz Ihrer Wahl ganz einfach stehen zu lassen.

■ Auch entfallen komplizierte Schaltpläne mit verschiedenen Stromkreisen, denn Sie können jede Lok einzeln aufrufen und steuern, ohne sich vorher einen Verkabelungs-Marathon antun zu müssen.

Vorteile von „analog"

■ Analogloks ohne Decoder sind auf jeden Fall preisgünstiger zu haben als Digitalmaschinen bzw. nachträglich digitalisierte Loks.

■ Eine störrische konventionelle Lok kann der Modellbahner oft noch selbst und kostengünstig reparieren. Bei der komplizierteren Digitaltechnik hilft meist nur noch die Abgabe an den Fachhändler, wenn der Decoder irgendwelche Macken hat und deshalb überhaupt nicht festzustellen ist, warum die Maschine gar nicht mehr mag.

■ Es darf bezweifelt werden, dass die heutige Digitaltechnik schon einigermaßen ausgereift ist. In der Vergangenheit war jedenfalls häufig festzustellen, dass alte Decodertypen durch neue ersetzt wurden, so dass man alle Lokomotiven kostentreibend mit dem neuesten Typ ausrüsten sollte – oder sogar die bisherigen Steuergeräte auf einmal nicht mehr ausreichten, weil eine neue Generation auf den Markt kam und man diese auch benötigte, um alle neu entwickelten digitalen Vorzüge genießen zu können.

Ein ganz großes „Missverständnis" bei der Diskussion um den digitalen Einstieg liegt darin, dass einem Industrie und viele Fachpublikationen weismachen wollen, man könne behutsam auf digital umsteigen, wenn man dies wolle, so dass man sich die Sache langsam, aber sicher überlegen und dann phasenweise eine Anlage umrüsten könne, hat man sich denn mal dazu durchgerungen, jetzt doch „modern und digital" fahren und schalten zu wollen. Dabei ist es so:

■ Zumindest **eine** Analoglok können Sie bei den meisten Systemen auch jeweils im Digitalbetrieb auf einer Anlage einsetzen – das heißt: „im Prinzip". Wenn Sie Pech haben mit dem ausgewählten System, dann wird's der Maschine schon nach kurzer Einfahrzeit ganz schön warm ums Herz, und wenn Sie dann immer noch weiterfahren (weil Sie z.B. das dicke Heftchen des Herstellers nicht ganz durchgelesen haben oder es gar nicht drin stand), dann könnte sich Ihr Fachhändler vielleicht bald über eine nette Ersatzteilbestellung für das komplette Kollektor- und Bürstensystem der betreffenden Lok freuen.

■ Nicht ganz unwichtig zu wissen ist die zwangsläufige Logik von digitalen Anlagen, dass permanent „Saft" am Schienenstrang anliegt, denn ansonsten wäre ja eine Lichtversorgung von abgestellten Loks und Wagen gar nicht möglich. So etwas mögen aber analoge Gleichstrom-Loks im Normfall

Wie es euch gefällt: Digital fahren mit dem Joystick oder mit der „Lokmaus“

gar nicht gern – und wenn Sie bei einem Mischbetrieb nicht für Ihre konventionellen Loks trotzdem (so wie eben analog vorgesehen) wie bisher auch diverse stromlose Abschnitte schaltungstechnisch möglich machen, auf denen die Maschinen dann wirklich im Stand keinerlei Strom mehr „abbekommen“, dann werden die Motoren Ihrer Analogloks womöglich nicht sehr lange halten...

■ Sofern ältere Loks nicht bereits über Digitalschnittstellen verfügen, ist es für einen Nicht-Fachmann mitunter kaum möglich, solch eine Maschine nachträglich zu digitalisieren. In diesem Fall braucht man einen

Digital machts möglich: Blick des Miniaturlokführers auf dem PC-Bildschirm

versierten Fachhändler, der einem solche Loks umrüstet – und das kostet neben dem einzubauenden Decoder Arbeitszeit und damit Geld.

Wohin der Markt sich bewegt, zeigt die Firma Märklin ihren Kunden, die im Übrigen in ihre digitalen Loks auch gleich passende Decoder ab Werk einbaut, mit denen man ebenso gut konventionell fahren kann. Märklin hat auf dem Markt freilich eine Sonderstellung, da es unter den Wechselstromfans viele Modellbahner gibt, die markentreu kaufen. Das heißt, der Hersteller kann „seinen“ Markt viel besser als die ganzen auf dem Gleichstromsektor maßgeblich konkurrierenden Firmen dahin steuern, wo er ihn haben will.

Es liegen zwar keine fundierten Untersuchungen zum Kaufverhalten von Digital- und Analogloks bezogen auf die verschiedenen Hersteller vor, Fachhändler bestätigen einem aber, dass bei Märklin der auf digital bereits umgestiegene Modellbahneranteil zurzeit noch höher zu sein scheint, als bei den anderen Anbietern.

Das hat ganz sicher auch folgenden Grund. Mehr oder minder unauffällig hat der Göppinger Produzent in den letzten Jahren immer wieder neue Modelle in sein Programm eingestreut, für die er entschieden hatte, dass seine Kunden diese ausschließlich in einer Digitalausführung kaufen konnten, egal ob sie digital oder analog fahren – oder nur sammeln.

Der (Analog-) Kunde hat jetzt zwei Möglichkeiten:

- Entweder er wird sauer und kauft nichts. Solche Kunden gibt es übrigens.
- Oder er kauft den Mehrnutzen mit, weil die Maschinen ja ohne den nicht erhältlich sind. Hat er aber später einmal fünf Digitalloks auf seiner Analoganlage fahren, dann dämmert es ihm, wie schade es doch ist, dass er die tollen Tröten oder das Bremsenquietschen gar nicht schalten kann. Da er das als zeitgemäßer Spielbahner natürlich toll fände, bleibt nur eine Entscheidung: Er steigt auf Digitalbetrieb um.

Der Abschlusstipp: Digital – ja oder nein?

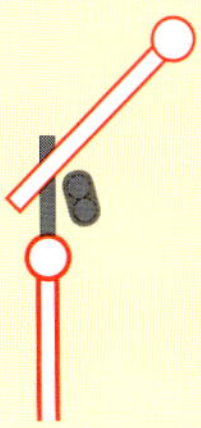

Die Frage, ob Sie sich – am besten kompromisslos oder gar nicht – für digitales Spielvergnügen entscheiden, sollten Sie (wie die des optimalen Gleissystems) davon abhängig machen, ob Sie sich die Möglichkeit offen halten wollen, viele ältere Lokmodelle zuzukaufen, die Ihnen gefallen könnten – die man aber nur mit Mühe und Kosten auf ein Digitalsystem umrüsten kann.

Im Allgemeinen liegen Sie mit folgenden Faustregeln nicht daneben:

- Steigen Sie in das Hobby ganz neu ein und können damit leben, dass Sie ältere Loks ohne Schnittstelle nicht ohne Zusatzinvestitionen bei sich einsetzen könnten, dann starten Sie gleich komplett digital.
- Reizt Sie die moderne Technik mehr als der konventionelle Spiel-und Rangierspaß, dann sind Sie der Mann (oder die Frau?) fürs Digitalsystem.
- Sind Sie eher der „Sammlertyp“, der später mal viel mehr Loks besitzen wird, als er auf einmal fahren lassen kann, dann ist eine konventionelle Anlage vermutlich für Sie die beste Lösung, da Sie unterhalb der Digitalebene „abwärts kompatibel“ alles „und damit auch alles Ältere“ einsetzen können.
- Wer preisbewusst kaufen will, kommt mit analogem Material auf jeden Fall günstiger davon. Zudem bleibt er bisweilen von den derzeitigen digitalen Dauerneuerungen verschont, die durchaus bedingen können, dass man öfter mal (so wie bei der Computerhardware) sozusagen „upgraden“ und seine bisherigen Steuergeräte oder Decoder der ersten Generation gegen neue „austauschen“ muss, will man nicht irgendwann vom Stand der (neuesten) Technik gänzlich abgehängt sein.

Längenvergleich von H0-Modellen eines 26,4 m-D-Zugwagens

Thema 3: Der richtige Längenmaßstab – „verkürzt" oder „ganz lang"?

Wenn Sie sich für die gebräuchlichste Nenngröße H0 entscheiden, dann haben Sie, bevor es an die ersten Investitionen fürs Rollmaterial geht, noch mit einem weiteren Phänomen zu tun, denn ein und derselbe Personenwagentyp wird von verschiedenen Herstellern in insgesamt vier (!) unterschiedlichen Längenvarianten produziert. Dies betrifft in erster Linie die im großen Vorbild als „lang" geltenden Vierachser mit ihren mindestens 26,4 Metern Länge.

Es wäre nicht schlecht, wenn Sie schon ganz zu Anfang entscheiden würden, welchen Maßstab Sie für sich wählen wollen, denn: Eine Kombination von verschiedenen Maßstabslängen ist nicht sinnvoll – und kommt Ihnen spät, aber nicht zu spät, der Gedanke, dass Ihre Anfangsentscheidung keine besonders glückliche war, dann müssten Sie im ungünstigsten Fall Ihre bisherigen Personenwagen wieder (und meist mit Verlust) verkaufen und noch einmal ganz von vorn anfangen...

Eigentlich wäre alles ganz einfach, denn ein so genannter Eurofima-Schnellzugwagen ist im Vorbild 26,4 Meter lang und das wären heruntergerechnet aufs Modell dann 30,3 Zentimeter. Erstaunlicherweise hat sich dieser Exaktmaßstab aber erst seit den 90er Jahren in großem Stil in der Produktion von Großserienmodellen durchgesetzt. Welche Längentypen es bei Personenwagen gibt, zeigt die Auflistung im Kasten am Beispiel eines normalen vierachsigen Schnellzug- oder Eurofima-Wagens.

Die Frage, warum es denn überhaupt verkürzte Wagen gibt, ist einfach zu beantworten: Je maßstäblicher die Nachbildung und je länger der Wagen, umso weniger lang kann Ihr Zug bei beengten Raumverhältnissen auf der Anlage werden und umso größer müssen Sie zudem Ihre Radien bauen, damit nicht in der erstbesten Kurve der halbe Wagen jenseits des Gleiskörpers über der grünen Grasmatte hängt. Denn das sieht nun wahrlich noch viel weniger realistisch aus, als wenn man gleich mit leicht verkürzten Wagen fährt.

Man sieht: Betriebsbahner mit Anlagen auf kleinem Raum haben wenig Motivation, später einmal auf die unverkürzten Wagen umzusteigen. Was generell aber für jeden Modellbahner gilt: Wagen unterschiedlicher Längenmaßstäbe machen sich nicht sonderlich gut auf ein und derselben Anlage.

Ein Sechs-Wagen-Schnellzug im ultraverkürzten 1:110-Maßstab ist beispielsweise 1,44 Meter lang. Derselbe Zug in der exakten Länge von 1:87 misst allerdings schon 1,82 Meter – das heißt, so viel wie siebeneinhalb superverkürzte Wägelchen. Da reicht schon das bloße Auge, um zu erkennen, dass das nicht zusammenpasst. Schauen wir uns die Charakteristiken der verschiedenen Maßstäbe nun einmal genauer an.

1:110 – ein stark gestauchter Maßstab

Die klassischen Märklin-Feinblechwagen, die sich noch heute im Hobby-Programm des Herstellers befinden, sind eigentlich ein Relikt aus früheren Zeiten. Die aktuellen Produktionen sind für die so genannten Spielbahner

Längentypen bei H0-Reisezugwagen

Wagenlänge über Puffer	= Maßstab	Hersteller (Beispiele)	Bemerkungen
24 cm	1 : 110	Märklin	sog. Blechwagen
26,4 cm	1 : 100	Märklin, Roco, Piko, Lima	eingebürgerte Bezeichnung: „verkürzte Wagen“
28,2 cm	1 : 93,5	Fleischmann	bekannt als sog. Zwischenmaßstab
30,3 cm	1 : 87 exakt	Roco, Piko, Lima, Liliput	= „maßstäbliche Wagen“

bestimmt, die sich an diesen Maßstab gewöhnt haben und die die solide Bauweise der Modelle schätzen.

Über eine KKK verfügen die Wagen allerdings nicht, und rein praktisch gedacht gibt es eigentlich keinen Grund, mit diesem Maßstab heutzutage noch beginnen zu wollen. Am besten, Sie schauen sich einfach mal beim Händler so einen Wagen an und stellen ihn neben einen leicht oder gar nicht verkürzten – dann wird Ihnen die Entscheidung sicherlich recht leicht fallen...

1:100 oder 1:87 – leicht verkürzt oder realistisch lang

Heute ist „1:100“ ein Synonym für „leicht verkürzte“ Wagen und eigentlich schon fast als Standard für Spiel- und Betriebsbahner zu bezeichnen, die nicht ihr ganzes Haus unterkellert haben und sich deshalb keine Anlage mit den Mindestmaßen von 6x3 Metern leisten können.

Den Wagen wird nachgesagt, dass sie in ihren allgemeinen Proportionen das Vorbild gut getroffen haben und man ihnen den leichten Kompromiss mit den fehlenden 13 Prozent gar nicht ansieht. Das ist richtig – vorausgesetzt, man stellt nicht einen ganzen Zug mit exakt maßstäblichen Wagen daneben, denn dann offenbart sich jedem Betrachter, dass die etwas verkürzten Wägelchen irgendwie doch wie leicht geschrumpfte Abbilder ihrer maßstäblichen Neuentwicklungen wirken.

Interessant ist, dass aus den Wagenprogrammen der Produzenten sehr viel über ihre Modellbahnphilosophie abzulesen ist. Bei Märklin zum Beispiel hat sich der Maßstab 1:100 inzwischen zur Standardgröße entwickelt. Die Tatsache, dass man bislang von den längeren 303-mm-Wagen Abstand nahm, hat mit der Priorität der Betriebssicherheit zu tun, die dieses Fabrikat für sich in Anspruch nimmt. Gleichzeitig weiß man aufgrund der Absatzzahlen bei den eigenen Gleissystemen, dass unter den Märklin-Kunden viele Modellbahner sein müssen, die ziemlich enge Radien auf ihren Anlagen verbaut haben.

Ganz anders sieht es bei Roco aus: Hier werden 1:100-Fans gleichermaßen bedient wie die 1:87-Modellbahnfreunde. Roco ist es überhaupt zu verdanken, dass der Großserienproduktion von maßstäblichen Wagen in den 90er Jahren endgültig zum Durchbruch verholfen wurde, nachdem sich zuvor der Kleinserien-Pionier Ade mit mehr oder minder großem Erfolg an dieser Maßstabslänge versucht hatte.

Maßstabsgerecht: ein guter optischer Eindruck

Ein kapitaler Fehler:
Zu spätes Umsteigen von "1:100" auf "1:87"

Wer erst nach Planung und Bau seiner Anlage den optischen Reiz der maßstäblich langen Wagen erkennt, bekommt es mit einer Menge von unlösbaren Problemen zu tun:

- Kommen sich zwei Züge mit langen Wagen in Kurven mit kleineren Radien entgegen, dann schwenken alle Wagen bei engem Parallel-Gleisabstand so weit aus, dass sie sich in der Mitte unsanft berühren. Das war's dann schon mit diesem Maßstab.
- Oberirdische Weichenantriebe können der nächste 1:87-Schreck sein, nämlich dann, wenn die Längsträger der Wagen mit lang heruntergezogenen Schürzen auf den Weichenabzweigungen krachend dagegen donnern und sich dann hüpfend vom Schienenstrang verabschieden.
- Oft stehen Signale so eng neben den Schienen und im Bahnhof auch so knapp vor Beginn der Kurven, dass man mit langen Wagen, die in Zügen aus der Gegenrichtung einlaufen, hervorragend ganze Signalmasten und -ausleger „umnieten“ kann.
- Die „Langen“ mögen sehr stark gekrümmte Auffahrten meist nicht sonderlich und so kann es zu abgehobelten Brückengeländern kommen – oder, bei widerstandsfähigen Geländern, zu Abstürzen.

Der Salzburger Hersteller Roco hat durch seine Modellpolitik den Fans dabei in den letzten Jahren „geholfen“, die richtige Wahl des Wagenmaßstabs zu treffen. Dabei ist immer im Hinterkopf zu behalten, dass sich Roco seit Jahren an der Spitze der Detailperfektion bewegt und folglich auch bevorzugt die Sammler anspricht.
Damit ist die Strategie schon zwangsläufig vorgegeben: Roco produziert verstärkt die 1:87-Artikel. Diese zielen auf die Sammler, zusätzlich auf die Modellbahnclubs mit ihren großzügigeren Anlagen – und auch auf die finanziell potenten Betriebsbahner, die in ihrem eigenen freistehenden Einfamilienhaus ein ganzes Dachgeschoss mit einer Anlage bebauen können und deshalb weder Kompromisse beim Maßstab noch beim Geldbeutel einzugehen brauchen.
Da liegt es nahe, sich bei den „Langen“ verstärkt ums Vorbild zu kümmern und mehr verschiedene Wagentypen nachzubilden, denn für den Sammler, wie auch den vorbildorientierten Betriebsbahner, der durchaus einen Zug mit sechs bis zehn Wagen fahren kann, ist es höchst willkommen, eine einigermaßen realistische Wagenreihung zusammenzustellen, während es dem Spielbahner oft vollkommen genügt, je einen Wagentyp eines 1.- und 2.-Klasse-Waggons kaufen zu können, den er dann ja gegebenenfalls mehrfach aneinanderreihen kann. Geraten Sie jetzt ins Wanken, weil Sie selbst um Ihre begrenzten Platzverhältnisse wissen und annehmen, Sie könnten auf Ihrer eigenen Anlage später einmal die „Langen“ gar nicht einsetzen, dann haben Sie zwei Möglichkeiten, zwischen denen Sie nun wählen können:

1. Sie entscheiden sich für 1:100 und damit für einen vertretbaren Kompromiss, weil Sie viel auf der Anlage unterbringen möchten. Oder
2. Sie freunden sich mit der Devise an: „Weniger ist manchmal mehr!“, und bauen später eine Anlage mit größeren Radien, auch wenn Sie dann ein bis zwei Kreise weniger auf Ihre Platte bekommen (und statt einem Sechs-Wagen-Zug nur Fünf-Wagen-Züge fahren können). Dafür müssen Sie dann aber nicht auf die schönen langen Wagen verzichten.

1:93,5 – das ist „nicht verkürzt und nicht lang“

Wem schon bisher die Entscheidung schwer fiel, für welchen Maßstab er sich denn entscheiden soll, der kennt die neueren Wagen aus dem Hause Fleischmann noch nicht: Es sind die „fast maßstäblichen“ Wagen im Zwischenmaßstab, den der Hersteller mit 1:93,5 eingeführt hat. Die Idee des Produzenten ist, rein theoretisch gedacht, sehr begrüßenswert, denn mit diesem Maßstab versucht man, alle Vorteile der verkürzten wie auch der maßstäblich langen Wagen in einer Art Synthese zu vereinen. Das heißt, man bietet auf den meisten kleineren Anlagen mit Normalradien noch eine absolute Betriebs-

Der Exaktmaßstab „1:87“ bietet die größere Auswahl

Am Beispiel der österreichischen Roco-Eurofimawagen in der verkehrsroten Lackierung (Basis: Programmangebot 2001) lässt sich gut sehen, dass Anbieter sich beim Maßstab 1:100 aufs „Wesentliche“ beschränken:

Wagentyp	Modell in 1:100	Modell in 1:87
1.Kl. Amz	Artikel Nr. 44318	Artikel Nr. 44665
1.2. Kl. ABmz	---	Artikel Nr. 44645
2.Kl. Typ Z1 Bmz klimatisiert	Artikel Nr. 44319	Artikel Nr. 44666
2.Kl. Typ Z2 Bmz mit Halbfenstern	---	Artikel Nr. 44668
2.Kl. mit Gepäckabteil BDmsz	---	Artikel Nr. 44648
Speisewagen WRmz	Artikel Nr. 44234	Artikel Nr. 44647

sicherheit, andererseits aber sehen die 282 mm langen Wagen von ihren Proportionen und vom optischen Gesamteindruck her fast so perfekt aus wie die langen 1:87er. Den Käufern dieses Längenmaßstabs kommt darüber hinaus zugute, dass der Nürnberger Hersteller seine Linie konsequent durchzieht, und das heißt: Man ist bemüht, reinrassige Garnituren mit möglichst vielen Wagentypen nachzubilden, so dass die Betriebsbahner ihre Freude daran haben können. Insofern zielen Produkte von Fleischmann eher auf die anspruchsvollen und unzufriedenen Modellbahner, die es noch ein bisschen realistischer wünschen, aber mit der in Planung befindlichen oder bereits existierenden Anlage ernsthafte Probleme beim Einsatz von 303 mm langen Wagen hätten.

Der kleine Wermutstropfen bei der guten Idee: Zum einen gibt es außer den Franken keinen Hersteller, der sich diesem Maßstab angeschlossen hat, und zum zweiten reicht das Preisniveau dieser Maßstabsgattung schon fast an die maßstäblich langen 1:87er heran. Wer also ganz neu anfängt und nicht auf bauliche „Altlasten“ zurückgreifen muss, für den dürfte in vielen Fällen die Entscheidung für „1:87 exakt“ ausfallen – während „Altanlagen“ (oder neue auf beengten Platzverhältnissen) meistens mit 1:100er-Wagen bestückt werden, deren Anbieter zusammengenommen sicher eine etwas größere Modellvielfalt bieten als die Firma Fleischmann mit ihrem leicht verkürzten Maßstab.

Aber, wie so oft im Leben, gilt: Was Sie selbst am besten finden und was für Sie am besten passt, das sollten Sie nicht nur davon abhängig machen, was „die anderen“ am häufigsten kaufen (oder sich aufschwatzen ließen).

Auch das noch: „lang“ = „teuer“

Wenn Sie in Ihre Entscheidung einfließen lassen wollen, dass Sie neben der Optik auch das Preisniveau nicht aus den Augen verlieren möchten, dann lassen Sie sich von direkt vergleichbaren Wägelchen beim Händler doch einmal die Preise für ein 1:100- und für ein 1:87-Modell nennen. Dann werden Sie folgendes herausbekommen:

- Maßstäbliche 1:87-Modelle sind etwa 15Prozent länger als die verkürzten Wagen.
- Sie kosten aber oft durchaus um die 30 Prozent mehr als die Eins-zu-Hunderter.
- Etliche 1:87-Ausreißer hauen sogar gleich mit einem Mehrpreis von bis zu 55 Prozent aufwärts gegenüber den gleichen Wagen in verkürztem Maßstab rein.

Zwar gibt es Argumente, warum ein „Langer“ etwas teurer sein darf als ein „Kurzer“ (mehr Materialverbrauch bei der Produktion, vielleicht etwas geringere Auflage, mehr filigrane Zurüstteile, bessere Detaillierung), aber ob der Preisaufschlag in dieser Größenordnung kalkulatorisch notwendig ist, das sei einmal dahingestellt.

Dieselloks vom Marktführer: Die Baureihen 220, 221 und 212 (von oben nach unten)

Schnellkurs: Die führenden Hersteller

Wenn Sie in das Hobby Modelleisenbahnen investieren, dann gibt es zwei Bereiche:

- den Anlagenbau, den Sie mit System planen und irgendwann in entfernter Zukunft auch einmal fertiggestellt haben werden, und
- das Rollmaterial – hier werden Sie vermutlich permanent weiter Geld investieren, da es einfach die Spielfreude erhöht, wenn man öfter mal ein paar neue Loks und Wagen auf seiner Anlage begrüßen kann.

Das heißt: Im Laufe der Jahre werden Sie – wie die meisten Modellbahner – nicht aufhören, Geld für Lokomotiven und „Hänger" auszugeben. Dabei „hilft" Ihnen auch die Industrie, denn jedes Jahr kommen so viele neue schöne Modelle heraus, dass man kaum die Finger davon lassen kann, sich ein paar von denen gönnen zu wollen.

Aus diesem Grund ist es nicht verkehrt, wenn Sie schon vor den ersten Käufen ein Grundwissen über die bekanntesten Anbieter haben, damit Sie richtig einschätzen können, welche Hersteller welche Qualität liefern und welche Philosophie vertreten. Dieses Wissen erhalten Sie auf verschiedene Weise:

- Sie unterhalten sich mit einer Menge von Modellbahnfans, die man als „alte Hasen" bezeichnen kann.
- Sie lesen ein bis zwei führende Fachzeitschriften und bekommen langsam, aber sicher mit, was „Top" und was „Flop" ist – vorausgesetzt, Sie können gut zwischen den Zeilen lesen, denn die richtigen Verrisse gibt's selten schwarz auf weiß...
- Sie fragen den Fachhändler von nebenan nach seiner Einschätzung. Dabei ist zu hoffen, dass er (eher unwahrscheinlich) alle Fabrikate führt und sie Ihnen auch alle gleich gern verkauft – denn manchmal ist es durchaus so, dass er sich auf eine Auswahl beschränkt hat und bevorzugt das Fabrikat empfehlen wird, von dem er selbst am meisten umsetzt und bei dem er womöglich den höchsten Rabatt hat – und damit die größte Gewinnspanne. Das muss nicht unbedingt das „beste" Fabrikat sein; vielleicht ist es nur das „am leichtesten verkäuflichste"...
- Sie lesen das Kapitel in diesem Buch als Basis für die weiteren Schritte.

Märklin und Trix

Der Markenname Märklin ist nicht nur irgendein Firmenname, er ist eine Philosophie. Für viele Leute ist „Märklin" gleichbedeutend mit „Modelleisenbahn". Dieser hohe Bekanntheitsgrad drückt sich auch in der Marktdurchdringung der Göppinger Firma aus: Es gibt – jedenfalls in den so genannten alten Bundesländern in Deutschland – Geschäfte, die führen überhaupt nur Märklin, und „den ganzen Rest", wenn überhaupt, allerhöchstens auf Bestellung, wenn's denn unbedingt sein muss.

Diese Situation ist aber nicht überall so. Im Osten Deutschlands hatten es die Göppinger nach der Maueröffnung etwas schwerer, da die Modellbahner – bedingt durch ihre Piko-Vergangenheit – vor allem Hobbyfreunde des Gleichstrom-Systems sind. Ihnen erschließt sich der Vorteil von Lokomotiven mit Skischleifern und einem durchweg nicht gerade geringen Preisniveau nicht unbedingt auf An-

Aus den Anfangstagen: Der E 18 nachempfundene Märklin-Blechlokomotive

hieb, so dass es die „ostdeutschen Anbieter", aber auch Roco, dort einfacher haben, Produkte zu verkaufen. Und auch in Österreich ist der Markt für Wechselstrom eine im Vergleich zu Deutschland eher zu vernachlässigende Größe.

Die Märklin-Philosophie kann man zusammenfassend mit zwei Faktoren in Verbindung bringen:

- Betriebssicherheit des Systems sowie
- Wartungsfreundlichkeit und gute Ersatzteilversorgung bei den Produkten.

Letzteres ist ein nicht zu unterschätzendes Argument. Abgesehen davon, dass Märklin-Maschinen im allgemeinen „hart im Nehmen" sind, lassen sich für Wartungsarbeiten die Gehäuse in den meisten Fällen unkompliziert durch sinnvolle Schraubverbindungen zwischen Ober- und Unterteil abnehmen – und auch heute ist es noch möglich, für fast alle Loks, die schon 30 Jahre und mehr auf dem Buckel haben, Ersatz- und Verschleißteile zu erhalten.

Märklin-E 18-Modelle im Wandel der Zeit

Märklin galt früher als Spielbahner-Fabrikat – und das heißt: Beim Maßstab und der Detaillierung ging man schon mal Kompromisse im Formenbau ein, Hauptsache, die Betriebssicherheit war gewährleistet und man konnte eine neue Lok überall bedenkenlos anfassen, ohne dass filigrane Einzelteile abbrachen.

Heutzutage baut Märklin auch (wenn auch nicht nur) filigrane Lokomotiven und Wagen, die bezüglich ihrer Detaillierungsqualität mit den von vielen Freaks so hochgelobten Gleichstrom-Marken wie Roco mithalten können. Hinzu kommt, dass

Metall oder nicht – das ist hier die Frage

Bei den höherpreisigen Loks hat Märklin die Philosophie entwickelt, dass der Werkstoff „Metall" als besonders wertig gilt und deshalb auch die Lokgehäuse daraus hergestellt werden. Das führt gegenüber den „Kunststoff-Loks" der meisten Konkurrenten zu einem Mehrpreis. Rein psychologisch merkt der Kunde beim In-die-Hand-Nehmen der Lok bereits, dass es hier „viel Gewicht" fürs Geld gibt.

Vergleichen Sie so eine Metallmaschine mit einer fast identischen Lok der Konkurrenz, ist oft festzustellen, dass die Märklin-Maschine im Laden durchaus 50 Euro mehr kosten kann als das optisch gleichwertige Modell eines Mitbewerbers mit „Kunststoffhaube". Ob dieser Mehrpreis gerechtfertigt ist, muss jeder für sich selbst entscheiden. **Es ist jedoch so:**

- Eine „Metall-Lok" gibt einfach etwas mehr her. Man meint tatsächlich, man habe hier ein „höherwertiges Produkt" erstanden.
- Für den Fahrbetrieb hat es keine Vorteile, ob man mit einer Metallmaschine fährt oder nicht. Die Mitbewerber bauen Modelle mit einem schweren Fahrgestell, das durchaus reicht, um einen langen Zug ohne Stress über die Anlage zu befördern.
- Das Metallgehäuse wirkt „geräuschverstärkend", was, je nach dem von Märklin gerade gewählten Antrieb und Motor, dazu führen kann, dass diese Loks deutlich lauter sind als die Produkte der Konkurrenz.

„Was rupft denn da?“

Während sich bei Märklin die „klassischen“ Motoren und Antriebe mit ihrem rupfenden Fahrstil über lange Zeit hielten, entwickelten Konkurrenten wie Roco ihre Modelle weiter und brachten verstärkt leise laufende Maschinen mit Schwungmassen und damit einem guten Auslauf auf den Markt. Heute „kann“ Märklin das auch, es finden aber verschiedenste Konzeptionen bei den Lokomotiven Anwendung. So hat nicht jedes Modell einen ruhigen leisen Lauf oder eingebaute Schwungmassen. Hinweise zum „Innenleben“ der jeweiligen Lok finden Sie meist im Katalog, in dem die unterschiedliche Motorisierung gekennzeichnet ist.

die Modelle inzwischen auch konsequent weiterentwickelt werden: Etliche neu aufgelegte Lokomotiven waren in jüngster Zeit auch komplette Überarbeitungen. Allerdings: Die Qualität hat ihren Preis – und es war schon immer etwas teurer, einen „besonderen Geschmack“ zu haben. Deshalb lässt sich durchaus sagen, dass neue Märklin-Modelle preislich, neutral gesagt, fast nie „im unteren Bereich“ liegen, vergleicht man sie mit den Produkten der zahlreichen Mitbewerber.

Beim „Laien“ steht Märklin als Synonym für „Wertstabilität“ oder gar „Wertzuwachs“. Oder anders gesagt: Unter Geldvermehrungs-Gesichtspunkten scheint es besser, sich ein paar Märklin-Loks zu holen als sein Geld aufs Sparbuch zu tun. Dieser landläufigen Meinung steht die Realität entgegen, denn auf einen Wertzuwachs kann man höchstens bei seltenen Stücken hoffen, die als „Blechspielzeug“ gelten und im Normalfall schon 50 Jahre und mehr auf dem Buckel haben.

Second-Hand-Profis und Anbieter bei Tauschbörsen stöhnen sogar mitunter schon über die so genannte weiße Ware – das sind die typischen neueren Produkte in den weißen Märklin-Schachteln. Die Realität zeigt, dass hier vieles nach der Erstauslieferung im Wert sinkt und nur wenig steigt, auch wenn das viele Leute nicht wahrhaben wollen.

Der Hersteller hat mit seiner Marktpolitik selbst dazu beigetragen, dass es so gekommen ist:

- Ein nicht gerade kleiner Teil des Neuheitensortiments besteht aus „limitierten“ einmaligen Sonderserien. Das heißt auf gut deutsch: Diese Produkte werden nur einmal nach Auftragseingang gefertigt, also, lieber Kunde, bestelle sie bitte jetzt vor, damit du diese Exemplare auch auf jeden Fall erhältst.

„Streng limitiert“ heißt nicht automatisch „raketenartiger Wertzuwachs“

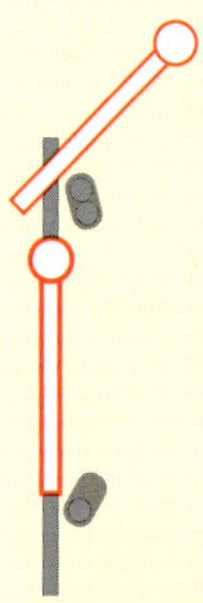

Viele Fans stumpfen offensichtlich mit der Zeit ab, wenn sie gar zu oft die Ankündigung lesen, ein neues Märklin-Modell sei streng limitiert. Nach logischen Gesichtspunkten müsste dann ja der Sammlerwert immer weiter ansteigen. Das kommt aber nicht mehr zwangsläufig so hin. Dazu ein Beispiel: Im Jahre 1994 lieferte Märklin den Triebwagenzug „Amtrak ICE“ (Artikel- Nr. 3700) in einer weltweit streng limitierten Auflage von 5000 Stück aus. Man sollte meinen, es gäbe durchaus mehr als 5000 Fans auf der ganzen Welt, die so ein „Teil“ begehren würden. Wirft man aber einen Blick in den so genannten Koll-Katalog (Verlag Joachim Koll, Bad Homburg), ein jährliches Standardwerk für Märklin-Sammler, dann hat sich der Marktwert für den Zug zum Nachteil hin entwickelt. Wer solche Zahlen verfolgt, kommt auf die Dauer zu einer korrigierten Sichtweise über die Wertstabilität oder gar den automatischen Wertzuwachs von Märklin-Produkten.

3700 InterCityExpress Baureihe 401 „Amtrak“

Kalenderjahr 1995	Marktwert ca. 1150 €
Kalenderjahr 1996	Marktwert ca. 1000 €
Kalenderjahr 1997	Marktwert ca. 900 €
Kalenderjahr 1998	Marktwert ca. 850 €
Kalenderjahr 1999	Marktwert ca. 800 €
Kalenderjahr 2000	Marktwert ca. 650 €

■ Neben den „Normalneuheiten“ gibt es zusätzlich Verbands-Sondermodelle, einmalige Sonderserien für die Märklin-Händler-Initiative (MHI), Exportneuheiten – und wenn das alles noch nicht reicht, dann mitunter noch zusätzliche Sommer- und Herbstneuheiten. Viele dieser Artikel sind natürlich ebenfalls limitiert.

■ Diese Flut an Novitäten kann sich fast kein Sammler mehr leisten, erst recht nicht, wenn er durch eine einmalige limitierte Produktion dazu getrieben wird, sofort kaufen zu müssen, wenn etwas gerade ausgeliefert wird. Also wählt man gezielt aus – und damit beginnt der Sammlermarkt einzubrechen.

Märklin-Artikel gibt es auch für das Gleichstrom-System zu kaufen. Früher unter dem Markennamen „Hamo“ – und jetzt unter „Trix“, da der Göppinger Hersteller diese Marke übernommen hat. Dabei sind die Maschinen, welche die früher eigenständige Firma Trix baute, von der Philosophie her durchaus mit „Trix neu“ bzw. „Hamo“ vergleichbar.

Im Grunde genommen vereinen die Märklin-Zweileiter-Loks – wie ihre Schwestermaschinen des Dreileitersystems – leichte Wartungszugänglichkeit, eine gute Ersatzteilversorgung und die Alltagstauglichkeit im Anlagenbetrieb („nicht totzukriegen“) als Pluspunkte auf sich. So setzen Betriebsbahner, die ihren Maschinen einiges abverlangen und wenig Mucken (und damit möglichst keine Aufenthalte im eigenen „Ausbesserungswerk“) mögen, Loks dieses Herstellers gern auf ihren Gleichstrom-Anlagen ein.

Dem stehen andere Hobbybahner gegenüber, die der Ansicht sind, das Preis-Leistungsverhältnis der meisten neuen Märklin-/Trix-Produkte sei doch stark verbesserungswürdig, und außerdem würden viele der Loks antriebstechnisch nicht den Stand von Mitbewerber-Produkten erreichen. Wer das so sieht, hat freilich Schwierigkeiten, sich dauerhaft mit der Marke Märklin anzufreunden.

Roco

In den letzten 20 Jahren hat sich der Salzburger Hersteller zu einem der führenden Modellbahnproduzenten gemausert. Technisch und optisch gelten Roco-Produkte allgemein als „Spitzenniveau“, auch wenn es immer noch Händler gibt, die das abstreiten. Was den Detaillierungsreichtum und die Antriebstechnik anbetrifft, ist Roco auf einem Level angekommen, der sich für einen Großserienproduzenten de facto kaum noch verbessern lässt. Da sich der Hersteller dem großen Vorbild stark verpflichtet fühlt, werden neue Modellentwicklungen meist konsequent und ohne Kompromisse umgesetzt. Auch ist man bemüht, bei Wagengarnituren eine größere Auswahl anzubieten, als alleinig je einen Sitzwagen der 1. Klasse, einer der 2. Klasse plus einen Speisewagen – so dass es bei vielen Modellen verschiedene Arten von Abteil- und Großraumwagen gibt, was sich einige andere Hersteller gar nicht antun würden.

Roco hat den Exaktmaßstab der unverkürzten 1:87-Wagen als Großserienhersteller salonfähig gemacht, produziert aber weiterhin ein auch nicht gerade kleines Sortiment für den Fan von verkürzten Wagen des Längen-

Klassischer Roco-Zug: Baureihe 043 mit Selbstentladewagen in Ho

Perfektion im Detail: der Betriebsnummern-Service

Roco hat als erster Großserienhersteller eingeführt, dass Loks und Wagen bei einer Neuauflage im Normalfall eine neue Betriebsnummer erhalten, so dass man sich als Fan eines bestimmten Loktyps durchaus nacheinander mehrere Maschinen leisten kann, die dann ganz realistisch nicht alle dieselbe Loknummer aufgedruckt bekamen.
Dazu ein Beispiel: Von der neu konzipierten und am Markt sehr gefragten DB-Ellok der Baureihe 103 mit kurzem Führerstand in der schmucken rot-beigen TEE-Lackierung legte man in kurzer Folge nacheinander die folgenden Modelle auf:

Artikel-Nr.	Betriebs-Nr.	Bemerkungen / Heimat Bw
43839	103 181	Bw Hamburg-Eidelstedt
	103 164	Bw München HBF
	103 140	Bw Hamburg-Eidelstedt
43838	103 109	Bw München Hbf
	mit silberner Zierfläche	

maßstabs 1:100. Bei den Fans, die es ganz genau nehmen und auch schon mal eine Lupe an Loks und Wagen halten, um festzustellen, ob denn wirklich alle Details stimmen, genießt Roco einen hervorragenden Ruf.

Der Weg zum Erfolg war allerdings steinig – und einige inzwischen längst ausgemerzte Schwachstellen des Herstellers halten sich auch heute noch in den Köpfen vieler Modellbahner und Händler, die mit Skepsis auf die Modelle aus Salzburg blicken:

■ Der schnelle Modellwechsel:
Roco überarbeitet seine Modelle quasi permanent, bot sie aber in der Vergangenheit dann oft unter derselben Artikelnummer weiter an. Gelegenheitskäufern ging dabei schnell der Überblick verloren, was denn jetzt „eine alte Möhre" und was eine völlig überarbeitete Lok ist.

■ Das ET-Problem:
Bedingt durch den schnellen Modellwechsel änderten sich oft die Ersatzteile, so dass man immer verschiedene „ETs" auf Lager halten musste. Irgendwann gingen einem dann prompt die am häufigsten benötigten Verschleißteile für „Altprodukte" aus – und wer Pech hatte, bekam auf einmal für seine zehn Jahre alte Lok nichts mehr nach. Das macht sich dann gar nicht gut.

■ Das Zurüstteile-Problem:
In seiner Sturm- und Drangphase bis hinein in die Mitte der 90er Jahre trieb die Firma – angefeuert von Fachjournalisten und Realitätsfreaks – den Perfektionsgedanken so weit, dass sie vielen Produkten extrem pralle Beutel mit Zurüstteilen beilegte, mit denen man seine Loks und Wagen noch weiter supern konnte. Das hatte zur Folge, dass man die entweder alle montierte (was nicht immer einfach ist) oder halt mit diversen Gehäuselöchern leben musste, wollte man die ganzen kleinen Lüfter

Das Innenleben der Roco-50kab

Noch ein Roco-Klassiker: Das Ho-Modell der DB-V 200

und Griffstangen nicht alle einstecken oder ankleben. Auch diese Beutel gingen dem Hersteller mitunter schon mal aus, wenn zum Beispiel zahlreiche Superungs-Experten auf die Idee kamen, diese als Ersatzteil sozusagen „zweckentfremdet" zu bestellen, um damit die Loks von anderen Produzenten weiter zu verfeinern...
Inzwischen hat der Salzburger Hersteller diese Schwachstellen größtenteils zurückgefahren, und so kommt man als Händler wie auch als Modellbahner an diesem Fabrikat eigentlich kaum mehr vorbei.

Der Frust: Roco-Exportmodelle

Wer sich für das Rollmaterial ausländischer Bahnverwaltungen interessiert, trifft bei Roco auf ein riesiges Exportprogramm. Nur ist es so, dass etliche Importeure im Ausland die Ware ab Werk erhalten und man als Fan dann sehen kann, wer einem solche Wunschmodelle reimportiert:

■ In Deutschland ist es beispielsweise ziemlich einfach, Roco-Luxemburg und Roco-Dänemark-Artikel zu erhalten, da diese Märkte vom deutschen Auslieferungslager in Freilassing aus bedient werden.

■ Wer aber französische, belgische oder italienische Exportmodelle wünscht, kann die nicht einfach so bei seinem Händler bestellen. In diesem Fall muss er einen Versender im Ausland ausfindig machen – oder er bedient sich der Handvoll Spezialgeschäfte im eigenen Land, die diese Produkte reimportieren und ihm (für meist teures Geld) zuschicken. Inzwischen gab Roco aber bekannt, dass dieses System ab 2002 schrittweise abgeschafft werden soll.

Paradepferd: Die Nachbildung der Vorserien-120 von Fleischmann

Fleischmann

Neben der Firma Märklin ist Fleischmann zweifelsohne die Marke, die beim Verbraucher am bekanntesten ist. Der Nürnberger Hersteller steht in dem Ruf, sehr gute und betriebssichere Modelle zu bauen, die zudem wartungsfreundlich sind und bei denen man mit einer geringen Anzahl von Verschleißteilen auskommt, die gleich zu vielen Loks auf einmal passen.

Fleischmann-Maschinen laufen schön leise, die neueren sind zudem mit Schwungmassen und Digital-Schnittstellen ausgestattet – und die Wagen sind allesamt hervorragend detailliert und sehr sauber bedruckt. Ähnlich wie Märklin verzichten die Franken – und das trotz sehr hoher Detailqualität – auf das Beipacken von diversen Zurüstbeuteln für ihre Produkte, so dass einem „Halbfertigbausätze" erspart bleiben. Fleischmann-Rollmaterial liegt preislich eher „im oberen Drittel" der Marktskala, wird aber von den Betriebsbahnern durchweg sehr geschätzt – und mancher wünscht sich im Stillen, dass vor allem im H0-Bereich endlich mal wieder ein paar neue Diesel- und Elloks auf den Markt kommen und nicht nur die fast schon obligatorische Dampflok-Neuheit zum Ende eines jeden Jahres.

Aufgepasst: „Alte Trümmer" und „neue Highlights"

Die meisten Hersteller neigen dazu, im Laufe der Zeit „betagte Modelle" entweder aus dem Programm zu nehmen oder aber in eine „Junior-Produktlinie" zu verfrachten. Nicht so bei Fleischmann – hier zieht man überholte Modelle bis zum heutigen Tage mit durch. Und das heißt für Sie:

■ Erst im Jahre 1971 führte Fleischmann in HO konsequent den 1:87-Exaktmaßstab ein – aber etliche Modelle, die auch heute noch im Programm sind (z.B. die Dieselloks der Baureihen 211/212 und 221), sind vom Formenbau her schon vorher entstanden und basieren auf dem zu großen Maßstab von 1:85. Das sieht hässlich aus, stellt man sie neben Neuentwicklungen der Konkurrenz.

■ Da der Hersteller sich den Luxus leistet, dass diese Produkte ähnlich teuer wie die maßstäblichen Neuentwicklungen sind, kann der Kunde auf den ersten Blick überhaupt nicht erkennen, ob er nicht viel Geld für ein ausmusterungswürdiges Modell bezahlen muss.

■ Kritisches Befragen des Fachhändlers und das Nebeneinanderstellen einer Fleischmann-Lok und eines vergleichbaren Konkurrenz-Modells öffnen einem die Augen und helfen bei der Entscheidung, ob man sich als „Realitätsfan" eine bestimmte Lok leisten sollte – oder nicht.

Die Fleischmann-50 entstand seinerzeit noch im Zwischenmaßstab 1:85

Brawa

Seit Mitte der 90er Jahre fertigt die Remshaldener Firma Brawa – früher fast ausschließlich ein Zubehör-Lieferant – in verstärktem Maße Loks und Wagen. Die Modelle befinden sich überwiegend auf einem hohen Niveau, was die Detailqualität und die Fahreigenschaften angeht. Allerdings erreicht auch das Preisniveau durchaus diese Ebene, wobei aber zu bedenken ist, dass sich die Auflagenzahlen der Modelle „irgendwo in der Mitte zwischen Kleinserie und Großserie" bewegen und damit natürlich keine „Preiskracher" im unteren Preissegment möglich sind.

H0-Modell der DR-Rangierlok BR 106 von Brawa

Darf's auch aus Metall sein?

Was Märklin kann, das können wir auch – dachten sich die Formenbauer bei Brawa und brachten im Jahre 1999 eine hervorragend detaillierte DB-Diesellok der Baureihe 216 in mehreren Farbvarianten heraus. Das Besondere an der Maschine: Diese ist – anders als das Märklin-Pendant – ein Ganzmetall-Modell. Damit aber noch nicht genug: Wer sich die Gestaltung und die Fahreigenschaften der Brawa-Maschine ansieht, kommt zu der Erkenntnis, dass sich „Metall" einerseits und „Superdetaillierung plus erstklassiges Fahrverhalten" andererseits keineswegs ausschließen müssen. Prompt steht diese Lok auf der Beliebtheitsskala der Fans ganz weit oben.
Wo Licht, da aber auch Schatten: Denn der Preis für das Erzeugnis aus Remshalden ist ungewöhnlich hoch – obwohl Brawa, anders als der Mitbewerber Märklin, vieles in Fernost produzieren lässt.

Wer sich bei Lokomotiven beispielsweise für Dieselloks der Deutschen Reichsbahn (Ost) oder für Altbauelloks interessiert, kommt an Brawa nicht vorbei. Die Brawa-Modelle beeindrucken auch durch einfache Wartung, sind doch die wesentlichen Komponenten gut zugänglich. Außerdem hat der Anbieter einen exzellenten Ruf, was seine Serviceabteilung angeht. Wer sich mit einem Problem oder einem Ersatzteil-Wunsch direkt an den Hersteller wendet, muss nicht lange auf Hilfe warten.
Nach wie vor gilt Brawa ein bisschen als der „Geheimtipp" für Supermodelle in der Modellbahnbranche – aber inzwischen hat sich herumgesprochen, dass man auf Dauer nicht auf diese Erzeugnisse verzichten kann. Ein Manko gibt es aber nach wie vor: Neuheiten erscheinen im Katalog oft nur als Vorbildfoto, so dass man sich vom Modell gar kein Bild machen kann.

Die Rivarossi-Gruppe

Rivarossi, Lima, Jouef und Arnold – diese Firmen haben eins gemeinsam: Sie gehören inzwischen alle zur gleichen italienischen Gruppe. Bei Drucklegung dieses Buches gab es Gerüchte, die gesamte Gruppe stehe zum Verkauf.
Gerade „Lima" galt früher als Spielbahnerfabrikat mit sehr stark vereinfachten Modellen, die dem ernsthaften Modellbahner fast die Tränen in die Augen trieben. Die röhrenden und rupfenden Drei-Pol-Motoren taten ein Übriges, um zu einem sehr unschmeichelhaften Ruf beizutragen. Doch das ist längst Vergangenheit.

Heute können sich moderne Lima-Produkte durchaus mit dem Roco-Qualitätsstandard messen. Allerdings schaffen sie es – wie alle Produkte dieser Firmengruppe – in den meisten Fällen durchaus, zumindest preislich das Salzburger Niveau noch zu übertreffen. Und auch, was die prallen Zurüstbeutel angeht, gibt es Modelle, die da gegenüber Roco – auch heute noch – „draufsatteln". Im extremsten Fall darf der Kunde sogar fast die ganze Dachbestückung einer neuen Ellok mit Isolatoren, Leitungen, Antennen etc. selbst zurüsten. Da kommt mitunter Freude auf, wenn die Aussparungen für diese Zurüstorgie nicht immer ganz passgenau ausgelegt sind.
Vor allem Fans ausländischer Fahrzeuge kommen an den Modellen der Rivarossi-Gruppe nicht vorbei. Egal, ob es sich um österreichische, italienische oder französische Modelle handelt.
Das Angebot an internationalen Lokomotiven und Waggons ist hier erfrischend vielfältig, wenngleich zuzugeben ist, dass mitunter recht wenig aus dem aktuellen Katalog auch wirklich lieferbar bzw. nur in demjenigen Land lieferbar ist, das zu der betreffenden Bahnverwaltung „gehört".
Bis heute hat sich hartnäckig der Ruf gehalten, dass die „südländische Mentalität" – zumindest, was den Servicebereich angeht – bei Rivarossi & Co. unverblümt durchschimmert. Soll heißen:
Mitunter scheint es einem Lotteriespiel zu gleichen, wenn man versucht, einen Zurüstbeutel einer vor einem Jahr ausgelieferten Lokneuheit nachzubestellen – besonders dann, wenn es sich um ein Modell einer aus-

Selten nachgebildet: hier das Lima-Ho-Modell

ländischen Bahnverwaltung handelt. Hier ist zwar zwischenzeitlich eine spürbare Verbesserung eingetreten, aber genügend Handlungsbedarf gibt es immer noch.

„Experten" der Szene neigen deshalb auch dazu, dem Modellbahner mitunter folgenden Tipp zu geben:

Die neueren Wagen von Lima, Rivarossi und Co. sind hervorragend produziert. An kompletten Garnituren hat man hier seine helle Freude. Außerdem geht an einem Wagen im Normalfall nichts kaputt, so dass man keine Ersatzteile braucht.

Wer sich aber Lokomotiven dieser Herstellergruppe zulegt, der möge zu Gott beten, dass er nicht in fünf Jahren einmal ein gebrochenes Kunststoffzahnrad neu braucht...

„Innovativ": Ein Katalog fast ohne Modelle?

Inzwischen gute (?) Tradition ist es, dass die meisten Lima- und Rivarossi-Neuheitenprospekte zum großen Teil Vorbildfotos von dem zeigen, was man so zu produzieren gedenkt. Aufgrund solchen Bildmaterials bestellen die Fans im Allgemeinen ungern etwas vor. „Verschärfend" kommt noch hinzu, dass die Begleittexte meistens mehrsprachig sind, aber mitunter nicht immer gerade von einem versierten Setzer den richtigen Abbildungen zugeordnet wurden – ganz abgesehen davon, dass es nie ganz schlecht aussieht, wenn man vor dem endgültigen Druck jemanden einmal drüberschauen lassen könnte, der der deutschen Sprache auch mächtig ist und zumindest die „wildesten Klopfer" noch korrigiert. Zum Glück sind die später ausgelieferten Modelle (auch, was die Beschriftung angeht) auf einem viel höheren Niveau, als man es nach der Lektüre der Prospekte erahnen würde...

Piko, Gützold „und Co."

Als es noch ein geteiltes Deutschland gab, war „Modellbahn Ost" gleichbedeutend mit dem zwangsweise „vereinigten" Fabrikat Piko. Dabei sei angemerkt, dass die „besseren Produkte" (die für westliche Verhältnisse aber durchweg schauderhaft liefen) meist für den Export bestimmt waren, während die eigenen Modellbahner dann noch gerade das abbekamen, was in einer Planwirtschaft halt so übrig blieb – wenn denn überhaupt mal etwas übrig blieb.

Ungeachtet dessen hatte Piko aber schon immer einen bemerkenswert guten Formenbau – auch schon zu DDR-Zeiten, und darauf konnte der neue Eigentümer nach der Wende aufbauen, als es ans Überarbeiten von alten Modellen sowie verstärkt an Neukonstruktionen ging.

Heute hat Piko einen Qualitätsstandard und einen Service der

Ein Highlight im Piko-Programm: Die DB-Neubaulok der Baureihe 82 im Maßstab 1:87

Premiumklasse erreicht, dies gilt allerdings auch bezüglich des Preisniveaus, bei dem man sich mit den anderen „Großen“ durchaus messen kann. Für die Modellbahner der „Normalschichten“, die, bei im Schnitt etwas niedrigerem Lebensstandard und Verdienst, in den neuen Bundesländern ihrem Hobby nachgehen, ist da offensichtlich etwas weniger Platz vorgesehen, als es früher mal guter Standard war.

Die Zahl der „Besserwessis“, die mit überholten Parolen á la „Piko ist Ossi-Ware zu Wessi-Preisen“ Stimmung machen, ist dank der Produktqualität im Abnehmen begriffen. Allerdings gibt es in den alten Bundesländern auch immer noch Händler, die sich davor scheuen, das Fabrikat zu führen. Dies wird angesichts neuer Piko-Entwicklungen „typischer“ Bundesbahn-Lokomotiven (Beispiele: die Baureihen E 63 und E 93) allerdings allmählich schwierig, will man es als Betreiber eines Fachgeschäftes nicht riskieren, dass ein weltoffenerer Händler ein Dorf weiter den Umsatz macht, den man selbst mutwillig verschläft...

Als weiterer „Ex-Ost-Anbieter“ baut Gützold hervorragende Modelle, vor allem nach Vorbildern der ehemaligen DR. Doch etliche Loks (wie z.B. die Ellok der Baureihe 155) sind inzwischen auch in westdeutschen Betriebshöfen beheimatet und deshalb auch für „Westpuristen“ höchst interessant. Die Modelle befinden sich ebenfalls auf einem hohen Qualitätsniveau und haben durch die Bank fantastische Laufeigenschaften.

Tillig ist der Inbegriff der TT-Spur. Da Tillig den Großteil aller am Markt existierenden TT-Produkte baut oder zumindest ausliefert, ist ein Qualitätsvergleich dieses Herstellers mit anderen Großserienanbietern nur bedingt möglich. Was bleibt, ist die Tatsache, dass sich die Produkte im Maßstab 1:120 in Westdeutschland bisher nicht durchsetzen konnten und es in naher Zukunft wahrscheinlich auch nicht werden.

Gützold-Ho-Modell der kohlenstaubgefeuerten DRG-G 8²

H0-Modell der preußischen T 20 (Baureihe 950) von Liliput

Liliput

Die Produkte dieses Anbieters galten bei Insidern früher als bevorzugte Sammlerartikel, obwohl die Fahreigenschaften der Dampfloks sich nicht immer gerade rühmlich hervortaten. Doch „Liliput Austria“ gibt es nicht mehr – und das ist nicht unwichtig zu wissen.

Der amerikanische Bachmann-Konzern kaufte die ins Trudeln geratene österreichische Firma (besser gesagt: den Markennamen und die noch verfügbaren Formen) und bietet seit 1993 nun „Liliput made by Bachmann“ an. Man kann es auch so ausdrücken: Die Formen wurden überarbeitet, die Laufeigenschaften verbessert und der Preis wurde trotzdem nicht heraufgesetzt – wohl auch deshalb, weil die Bachmänner kostengünstig in China produzieren lassen. Viele Händler aber wollen – objektiv völlig unberechtigt

Liliput (Austria): Wer gern auf dem Pulverfass sitzt...

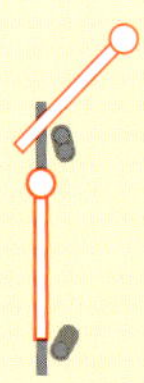

Wenn Sie sich für die optisch schönen Liliput-Modelle erwärmen können, dann achten Sie beim Kauf auf Tauschbörsen am besten darauf, dass Sie die überarbeiteten neuen Liliput (Bachmann)-Modelle in den blauen Schachteln erwischen, denn:

- Den älteren Wagen von ex Liliput Austria sind Errungenschaften wie Normschächte oder KK meist fremd, und
- Bachmann legt Wert auf die Feststellung, dass man keinerlei Ersatzteile für Fahrzeuge von Alt-Liliput bis zum Baujahr 1992 vorrätig hält. Das heißt: Ob Sie ein Verschleißteil für eine Liliput-Österreich-Lokomotive wirklich noch nachbekommen, steht in den Sternen – zudem: Als reine Standmodelle sind die Lokomotiven als Second-Hand-Maschinen dann doch etwas zu teuer...

– seit der Übernahme durch Bachmann nicht mehr viel von Liliput wissen, wozu zweierlei Gründe geführt haben dürften:

- Nach dem Abgang von Alt-Liliput wurden die Liliput-Österreich-Reste im Handel verramscht. Das heißt: Derjenige, der sich vorher ganz regulär damit eingedeckt hatte, musste nun viel Geld auf seine Ware drauflegen, um sie loszuwerden.
- Den vollmundigen Versprechungen von Bachmann, man werde alles schnellstens überarbeiten, folgten zunächst nicht besonders viele Taten, da eine gewissenhafte Überarbeitung der Werkzeuge – und dann noch fernab des „Kontinents" – offensichtlich weitaus mehr Zeit verbrauchte, als man vorher ganz kühn geschätzt hatte.

Nach diesen Startschwierigkeiten erhält der Kunde heute sehr interessante Liliput-Modelle zu einem guten Preis-Leistungs-Verhältnis – vorausgesetzt, er nimmt sich die Zeit, dies bei Neuheiten auszusitzen, denn bisher gab es genügend Beispiele, bei denen zwischen Ankündigung und Realisierung eines neuen Modells schon mal Jahre ins Land gehen konnten...

Neben den im Text genannten Herstellern gibt es eine riesige Anzahl weiterer Produzenten. Viele stellen Artikel in Kleinserie her oder haben sich spezialisiert – wie die Firma Bemo, die Schmalspurbahnen in 1:87 anbietet

Sonstige Fabrikate

Nicht alles sehr Bekannte ist gut und alles kaum Bekannte schlecht – diese Binsenweisheit gilt auch für Modelleisenbahnen. Viele ausländische Fabrikate sind in Deutschland wenig bekannt, weil es zum Beispiel keinen Importeur gibt, der in die nötige „Werbepower" investiert, um dem betreffenden Fabrikat etwas auf die Sprünge zu helfen, was Image und Bekanntheitsgrad angeht.

Dazu nur zwei Beispiele: In Österreich sehr stark vertreten ist die Marke Klein Modellbahn (nicht zu verwechseln mit Kleinbahn, einer Firma, die ebenfalls in Wien sitzt). Dieser Hersteller verkauft seine Erzeugnisse bevorzugt über eigene Ladengeschäfte. Vor allem auf dem Güterwagensektor hat er sich einen guten Namen gemacht. In Deutschland ist er aber nicht besonders bekannt und verbreitet.

Das gleiche Schicksal teilt der spanische Hersteller Electrotren. Neben Talgo-Zügen bietet Electrotren ein hervorragendes Güterwagensortiment mit Produkten auf inzwischen sehr hohem Standard. Zwar gibt es in Deutschland einen Importeur, der aber nicht sonderlich mit der schönen Produktpalette auf sich aufmerksam macht. Ganz abgesehen davon, werden die Electrotren-Wagen im Ausland oft auf einem günstigeren Preisniveau angeboten, so dass man dort an ihnen kaum vorbeigehen kann, ohne sie zu kaufen.

Es ist müßig, darüber zu spekulieren, wie das wohl kommen mag, dass der deutsche Händler mit den Auslandspreisen dieses Fabrikates kaum mithalten kann – aber wenn Sie mal solche Wagen zu Gesicht bekommen, sollten Sie ihnen mit gebührender Aufmerksamkeit begegnen. Achten Sie nur darauf, dass es Modelle mit einem „K" nach der Artikelnummer sind (das für die bekannte „Kurzkupplungs-Kinematik" steht) und nicht Altbestände von Modellen, die jemand schon seit unzähligen Jahren mit sich herumschleppt.

Gleisplan und Anlagenform: Die Planung kann beginnen

Vielfach gewünscht aber selten zu realisieren: Das klassische Dampflok-Betriebswerk mit Drehscheibe und Rundschuppen braucht viel Platz

Sie haben sich für eine Baugröße entschieden, eventuell auch für ein spezielles Betriebssystem – und dazu liebäugeln Sie bereits mit dem Rollmaterial bestimmter Hersteller. Da schließt sich die logische Frage geradezu an: Auf was für einer Art von Anlage darf und soll das Material denn später einmal fahren? Und auch hier wieder hilft eine weitsichtige Planung dabei, spätere Enttäuschungen oder gar kostspielige Umplanungen zu vermeiden.

Die Wahl des Anlagenthemas – oder: Was gefällt Ihnen am besten?

„Am liebsten will ich alles – und das sofort!" Ich kann nur hoffen, dass dieser – im Kindesalter oft geäußerte – Wunsch nicht Ihr eigenes Motto ist, was das Modellbahnhobby angeht, denn dann werden Sie empfindliche Probleme bekommen. Dass sich eine Anlage nicht sofort fertig stellen lässt, das ist noch jedem klar. Weitaus schwieriger scheint es aber zu sein, sich auch noch darüber klar zu werden, dass man meist nicht alles Gewünschte auf der Anlage wirklich unterbringen kann.

Genehm wäre Ihnen ganz sicher ein großer Bahnhof – und irgendwo, weiter hinten, noch ein kleiner dazu. Eine lange Abstellgruppe braucht man natürlich für seine ganzen Züge, und dann darf keineswegs das Bahnbetriebswerk fehlen – zum Beispiel mit zwei hintereinander platzierten Schiebebühnen und irgendwo am Rand noch einer Drehscheibe (mit Lokschuppen), damit man denn wenigstens die Schlepptenderdampfloks irgendwo wenden kann. Eine weitläufige Gebirgslandschaft wäre nicht zu verachten – und wenn man nicht alles gnadenlos mit Gleisen vollpflastern will, dann sollten auch eine Stadt sowie ein Industriegebiet miteingeplant werden.

Es wäre geradezu tollkühn, wenn Sie versuchen wollen, diese Idee auch nur ansatzweise umzusetzen. Aufgrund des dafür benötigten Platzbedarfs fangen Sie am besten schon heute damit an, für ein Zweifamilienhaus zu sparen, denn die Grundfläche der einen Haushälfte werden Sie vermutlich für Ihr großzügig bemessenes Modellbahnprojekt brauchen...

Und damit sind wir schon bei dem ganz einfachen und dem einzig richtig großen Problem, das Sie sich gar nicht erst antun sollten. Denn die Faustregel des beliebtesten Fettnäpfchens lautet:

Wer anfängt zu planen, plant zu großzügig und plant immer so, als hätte er das Dreifache von dem an Fläche zur Verfügung, was der Raum wirklich hergibt.

Daraus folgt ganz praktisch: Sie sollten eine Reduktion vornehmen, also eine Beschränkung auf „das Wesentliche". Dabei ist selbstverständlich, dass Sie sich in Spur Z, was Ihre Realisierungsmöglichkeiten angeht, weiter aus dem Fenster lehnen können, als wenn Sie eine H0-Anlage bauen wollen, von der wir schon weiter vorn gesehen haben, dass allein ein Sechs-Wagen-Zug mit Lok bereits um die zwei Meter lang ist. Auch hängt die Chance, was Sie tatsächlich in die Tat umsetzen können, mit der maximalen Fläche zusammen, die Sie zur Verfügung haben – aber da dies in den meisten normalen Wohnräumen oder Kellern nicht mehr als 4x3 Meter sind, die Sie zubauen können, um danach noch den Raum betreten zu können, holen Sie sich auf jeden Fall ein Planungsproblem und jede Menge Frust ins Haus, wenn Sie nicht von der Idee lassen, einfach alles, was Ihnen gefällt, auch umsetzen zu wollen.

Zwar kann man ein bisschen tricksen und zum Beispiel den Schattenbahnhof in eine Etage unter der Hauptanlage verbannen, aber auch diese Maßnahme wird Ihnen nicht reichen, um all das umzusetzen, was Ihnen ansonsten noch gefallen würde. Am besten ist es deshalb, Sie entscheiden sich für ein spezielles Anlagenthema. Hier sind auch schon ein paar Vorschläge, die Sie inspirieren könnten, in welche Richtung Sie weiterdenken wollen.

Das Betriebswerk

Wenn Sie vor allem Fan von Lokomotiven (oder gar Lokomotivsammler) sind und Wagen deshalb als ein notwendiges Übel betrachten, ohne die nun mal keine Zugbildung funktioniert, dann sind Sie der Mann (oder die Frau) für die Nachbildung eines Bahnbetriebswerks

Anlagenthema „Rangierbahnhof": Eine DB-Cargo-V 100 macht sich am Ablaufberg nützlich

(neumodisch auch „Betriebshof" genannt).

Neben einer Menge an Loks, die man völlig vorbildgerecht auf überschaubarer Fläche neben- und hintereinander abstellt und die man mit schönen Rangiermanövern auf dem Bw-Gelände oder zur Abstellgruppe des Bahnhofs bewegt, finden dann inmitten des engmaschigen Gleisnetzes die folgenden Ausstattungsteile Platz:

- Schiebebühne mit Rechteckschuppen
- Drehscheibe mit Ringlokschuppen
- Dieselloktankstelle
- Geräteschuppen und Lokleitung
- beim Dampflok-Bw zusätzlich Bekohlungs- und Besandungsanlage, Wasserturm und Wasserkräne, Schlackengrube und vieles mehr.

Ganz vorn auf der Anlage hat man dann vielleicht noch ein oder zwei Durchgangsgleise eingeplant, damit man die Loks auch einmal vor Zügen einsetzen kann – aber das Wichtigste überhaupt ist die Atmosphäre des Betriebswerks.

Der Rangierbahnhof

Wer dem Rangierbetrieb besonders viel abgewinnen kann und es nicht hauptsächlich beim Einsatz von Lokomotiven belassen will, der ist mit dem „Rbf" als Anlagenthema gut bedient. Ein kleines Bw oder zumindest ein Lokschuppen wird deshalb trotzdem mit eingeplant (immerhin gibt es diverse Bahnbetriebswerke, die inmitten der Gleisanlagen eines Güter- oder Rangierbahnhofs liegen). Die Auswahl der Lokomotiven wird aber tendenziell in die Richtung von Güterzugloks gehen, denn Maschinen für den InterCity-Verkehr findet man nur vereinzelt im Güterzug-Bw.

Das Highlight im Rbf sind die Gleisanlagen (meist kombiniert mit einem Ablaufberg), auf denen die Güterzüge individuell zusammengestellt und abfahrbereit gemacht werden. Der Rbf-

Anlagenthema „Kopfbahnhof“: Nachbildung des Anhalter Bahnhofs

Spezialist hat sogar das unschätzbare Glück, bei Nachkäufen von Rollmaterial für seine Anlage auch mal mit nur einem einzigen neuen preisgünstigen Güterwagen seine helle Freude zu haben, denn immerhin kann er sich mit diesem sogar einzeln auf der Anlage beschäftigen und ihn nicht nur in einen seiner langen Güterzüge einstellen – etwa nach dem Motto: Mal wieder einer mehr, den man hinten dranhängt.

Die Ausfahrgleise für zusammengestellte Züge liegen dann entweder ganz vorn oder hinten auf der Anlage und werden in die Richtung weggeführt, in die es der Platz des Eisenbahnraumes erlaubt.

Der Kopfbahnhof

... wird auch „Sackbahnhof“ genannt und hat als Modellbahnthema seinen besonderen Reiz. Hier geht das Anlagenthema weg vom Güterzug- und hin zum Personenzugbetrieb.

Was im Maßstab 1:1 sowohl Fahrgäste als auch Planer von Betriebsabläufen ungemein nervt, hat auf der Anlage seinen geradezu besonderen Reiz: Züge fahren langsam ein, blockieren die Gleise, Kurswagen werden umgesetzt, andere Loks koppeln am Ende des Zuges an (wodurch im Großbetrieb viel Zeit verloren geht), Bremsproben müssen durchgeführt werden, die Züge fahren wieder ab und die am Stumpfgleis zurückgebliebenen Loks werden abgeräumt und fahren in Richtung Abstellgruppe oder Bw (das bei Platzproblemen mal wieder ins „Untergeschoss“ verbannt wird).

Auch hier wieder erfolgt die Zu- und Ableitung zum Bahnhof auf schmaler Fläche weg vom Anlagenthema hin an eine Stelle, die das Modellbahnzimmer dafür hergibt. Der Modellbahner wird seine Bahnhofsanlage bevorzugt mit Personenwagen-Garnituren und Personenzugloks sowie mit Triebwagen bestücken – und wenn es ein kleinerer Bahnhof ist, dann könnte er sich auf

Anlagenthema „Großstadtbahnhof": Nahverkehr mit Silberlingen

den Zugverkehr mit Regionalzügen unterhalb der Zuggattungen ICE, InterRegio und vielleicht sogar Schnellzug spezialisieren.

Der Großstadtbahnhof

Die konsequente Fortführung des Kopfbahnhofs ist der auf mindestens sechs bis acht Bahnsteiggleise ausgelegte Hauptbahnhof einer größeren Stadt, der zwar eher als Durchgangsbahnhof angelegt ist, aber auch über ein paar Kopfgleise zusätzlich verfügen kann, auf denen zum Beispiel die Regionalzüge einer bestimmten Zubringerlinie enden und in die Gegenrichtung wieder abfahren.

Es hat schon seinen Grund, warum das Thema Kopfbahnhof bei weitem beliebter ist als der freizügige Großstadtbahnhof, in den man aus beiden Richtungen kommend beliebig ein- und ausfahren kann: Beim Durchgangsbahnhof müssen Sie im Bahnhofsvorfeld jeweils links **und** rechts die verschiedenen Radien für die Zu- und Ableitung des Zugverkehrs ansetzen und brauchen dafür jede Menge Platz, was Ihnen in H0, wie unter Umständen sogar noch in N, zahlreiche schlaflose Nächte bereiten dürfte. Beim Sackbahnhof hingegen können Sie zumindest auf **einer** Seite die Bahnsteigfläche bis fast zur Abschlusskante der Modellbahnplatte voll ausnutzen und haben dadurch eher die Möglichkeit, realistisch größere Bahnsteige einzubauen.

Neben dem zweifach zu verbauenden Radius ist zudem noch zu bedenken, dass ja auf beiden Seiten des Bahnhofs irgendwo auch die ganzen Gleise für die Einfahrts- wie Ausfahrts-Weichenstraßen eingeplant werden müssen. Das heißt: Das Gleisvorfeld des Bahnhofs hat ebenfalls einen nicht zu unterschätzenden Platzbedarf und schränkt dadurch die maximale Länge der Bahnsteiggleise noch weiter ein.

Zwar können Sie mit Dreiweg- und Bogenweichen tricksen, wenn Sie die bereits in die Kurven zu den Bahnhofseinfahrten einbauen – aber auch das wird Sie meist nicht in die Lage versetzen, so viel Platz herauszuholen, wie Sie effektiv brauchen, um einen Hauptbahnhof von seinen Gleisanlagen her zumindest „mehr lang als breit" aussehen zu lassen. Oder anders gesagt: Auch wenn diese Anlagenform wirklich extrem reizvoll ist – sie kommt für die wenigsten unter uns infrage.

Die Hauptbahn mit abzweigender Nebenstrecke

Dieses Thema stellt einen guten Kompromiss für alle dar, die sich doch mit möglichst vielen verschiedenen Betriebsformen beschäftigen wollen, ohne aber Platz „bis zum Abwinken" zur Verfügung zu haben.

So um die vier Personenzug-Gleise (davon im Allgemeinen zwei Durchgangsgleise) und zwei Gütergleise sollten es schon sein – und mindestens zwei „Bahnsteigreihen" mit einer beachtlichen Länge, ergänzt durch ein mittelgroßes Bahnhofsgebäude. Der Vorteil ist, dass man hier alles fahren lassen kann:

- ICE-Züge, InterCity-Züge und Güterzüge fahren durch, ohne anzuhalten – wenn sie nicht gerade wegen einer Zugkreuzung einen kleinen Zwangshalt einlegen müssen.
- Alles von der Zuggattung Schnellzug abwärts hält hier.

Anlagenthema „Hauptbahn mit abzweigender Nebenbahn“: Für die meisten Modellbahner ist dieses Thema das Nonplusultra, ermöglicht es doch einen vielfältigen Fahrzeugeinsatz

Anlagenthema „Nebenbahn-Endstation": Eine 86 rollt zum Wasserfassen

- Eil- und Nahverkehrszüge sowie -triebwagen beginnen und enden sogar hier, teilweise auf Stumpfgleisen.
- Eine Kleinlok („Köf" zum Beispiel) besorgt den Güterverkehr sowie den Verschub und Abtransport der Handvoll Güterwagen, die sich im Bereich des Bahnhofs abgestellt befinden.

Doch auch hier gilt: Ab der Baugröße H0 kann es Platzprobleme geben, wenn man nicht – wie wir gleich noch sehen werden – mit geschickten Anlagenformen wie einer U-Form oder der Hundeknochenform auch noch die Zu- und Ableitung bzw. die freie Strecke nachbilden kann, die sich ja irgendwo an den Bahnhof anschließen muss.

Natürlich lässt sich dieses Anlagenthema reduzieren, zum Beispiel im ersten Schritt alleinig auf die Haltestation der Hauptbahn ohne Nebenstrecken-Abzweigung (im Normfall ein reiner Durchgangs-Bahnhof) – und in weiteren Schritten auf den reinen Regionalbahn-Haltepunkt oder gar die Endstation einer Nebenbahn mit kleinem Kopfbahnhof und Ausweichgleis. Mit jeder Reduktionsstufe nimmt zwangsläufig die Auswahl des Rollmaterials ab, das zum Anlagenthema passt – und ein bisschen wohl auch der Spielspaß, wenn man sich letzten Endes mit gar zu wenig beschäftigen „darf".

Die freie Strecke

Wer den Landschaftsbau liebt und das Betrachten von langen Zügen, die durch die Landschaft eilen – vielleicht sogar noch kombiniert mit dem Motiv Winterlandschaft –, der hat womöglich keinen Platz mehr, auch noch einen Bahnhof unterzubringen. In diesem Fall entscheidet man sich am besten für die Nachbildung eines Streckenab-

Anlagenthemen – und deren Platzbedarf

Ganz grob geschätzt können Sie von folgendem Platzbedarf in der Länge der Anlage ausgehen (wobei Sie die dann benötigte Breite pauschal mit etwa der Hälfte der Länge rechnen sollten).

Anlagen-Thema	Spur HO	Spur N	Spur Z
Betriebswerk	4-5 Meter	3 Meter	2,5 Meter
Rangierbahnhof	4-5 Meter	3 Meter	2,5 Meter
Kopfbahnhof*	4+ Meter	2,5 Meter	2+ Meter
Großstadtbahnhof*	6-7+ Meter	4+ Meter	3,5 Meter
Hauptbahn mit Nebenstrecke*	5+ Meter	3,5 Meter	2,5 Meter
Freie Strecke*	6 Meter	3,5+ Meter	3 Meter
Nebenbahn-Endstation	2,5+ Meter	1,75 Meter	1,2 Meter

* plus zusätzlich „Anfahrtsstrecke", z.B. als „L-Form-Anlage" oder mit Zuführung aus einer unteren Ebene

schnitts (beispielsweise einer zweigleisigen Hauptbahn mit einem Ausweichgleis) und plant eine lange Gerade mit zusätzlichen bergigen Kurvenabschnitten. Die Zu- und Ableitung der Züge erfolgt dann über eine so genannte „U-Anlage", eine „Hundeknochen-Anlage" oder auch über eine Abstellgruppe im Untergeschoss der Anlage.

Wie wir gesehen haben, ist eine Frage ganz eng mit dem Platzbedarf und dem Anlagenthema verbunden: Es ist die Entscheidung für die optimale Anlagenform. Denn da gibt es „solche und solche" Möglichkeiten – und diejenigen, die fast alle kennen, müssen nicht unbedingt auch die besten sein.

Die besten Anlagenformen: Es muss nicht immer das Rechteck sein

Fangen wir einmal „ganz klein" an und arbeiten uns weiter aufwärts. Die erste Anlagenform ist eigentlich gar keine. Man kann sie auch als „Fußbodenanlage" bezeichnen, und meist entsteht sie erstmals ganz spontan an Weihnachten mit Hilfe der ausgepackten Startpackung, so dass es wenigstens für ein mehr oder minder großes Oval mit einem Abstellgleis reicht, mit dem sich der Tannenbaum endlos umrunden lässt.

Je nach gewählter Baugröße und ausgewähltem Fabrikat endet der Spielspaß – neben der monotonen Streckenführung – dann, wenn die Loks nicht so richtig hart im Nehmen sind, was die Fusseln des Teppichs oder die im Getriebe gelandeten Tannennadeln anbetrifft, so dass der nette Fachhändler bereits den ersten Reparaturauftrag begrüßen kann. Doch es geht auch anders...

Die Fertiganlage

Einige Zubehörhersteller haben so genannte Fertiganlagen im Programm. Das sind im Normalfall Anlagen mit den Ausmaßen überschaubarer Minimalgrößen, deren Landschaft aus Kunststoff vorgefertigt ist. Man muss nur noch die passenden Gleise kaufen und auslegen, ein paar „Häusle" und einen Bahnhof als Bausatz erwerben und zusammenbauen – und dann kann der Spielspaß beginnen. Ganz objektiv könnte man das auch so ausdrücken: Man hat ein schnelles Erfolgserlebnis, ohne dass man viel planen oder bauen muss. Diesem Vorteil stehen im Normalfall ziemlich deutliche Nachteile entgegen:

- Mit Kreativität hat diese Form des Anlagenbaus eher wenig zu tun. Andere haben für Sie bestimmt, wie der Gleisplan auszusehen hat und welche Gleise Sie sich jetzt bitte kaufen.
- Den in diesem Kapitel diskutierten Tipp mit der Reduktion auf ein wesentliches Anlagenthema können Sie gleich vergessen. Die Anlagen(vor)planer haben meistens ein umfassendes Bild angestrebt und damit das Kunststück vollbracht, „von allem ein bisschen und von nichts richtig viel" für die Anlage vorzubereiten.
- Dies zeigt sich in knallhart engen Radien, Miniabstellgleisen und fast beängstigend steilen Auffahrten. Außerdem in einem Bahnhof, der eigentlich den Ortsnamen „Winzighausen" tragen sollte, denn an seinem Hauptgleis können eine Lok plus zwei Wagen kaum anhalten, ohne dass der zweite Wagen schon fast auf der hinteren Weiche für das Abzweiggleis außerhalb des Bahnsteigs geparkt werden muss.

Alles in allem stehen dem Betriebsbahner, der es auch nur ein wenig realistisch wünscht, die Haare zu Berge, wenn er die kühne Vorplanung solcher Anlagen etwas näher betrachtet. Mein Tipp: Tun Sie sich so was lieber nicht an – auf die Dauer werden Sie wenig Freude mit so einer „witzigen" Spielbahn haben...

Die Rechteckanlage

Fast jede Modellbahner-Anlage hat mal mit einem „Klassiker" angefangen: der Plattenanlage. Und das geht im Normalfall so: Man misst die Fläche aus, die man in dem dafür bestimmten Raum zur Verfügung hat und lässt sich eine entsprechend große Holzplatte zurechtschneiden. Diese legt man zum Beispiel auf Holzböcke auf, die man aus dem Baumarkt abtransportiert hat.

Wer ein bisschen „geiziger" ist, der erinnert sich daran, dass er ja neulich alle seine Zimmertüren aus Holz austauschen musste, weil der kleine Sohn die öfter

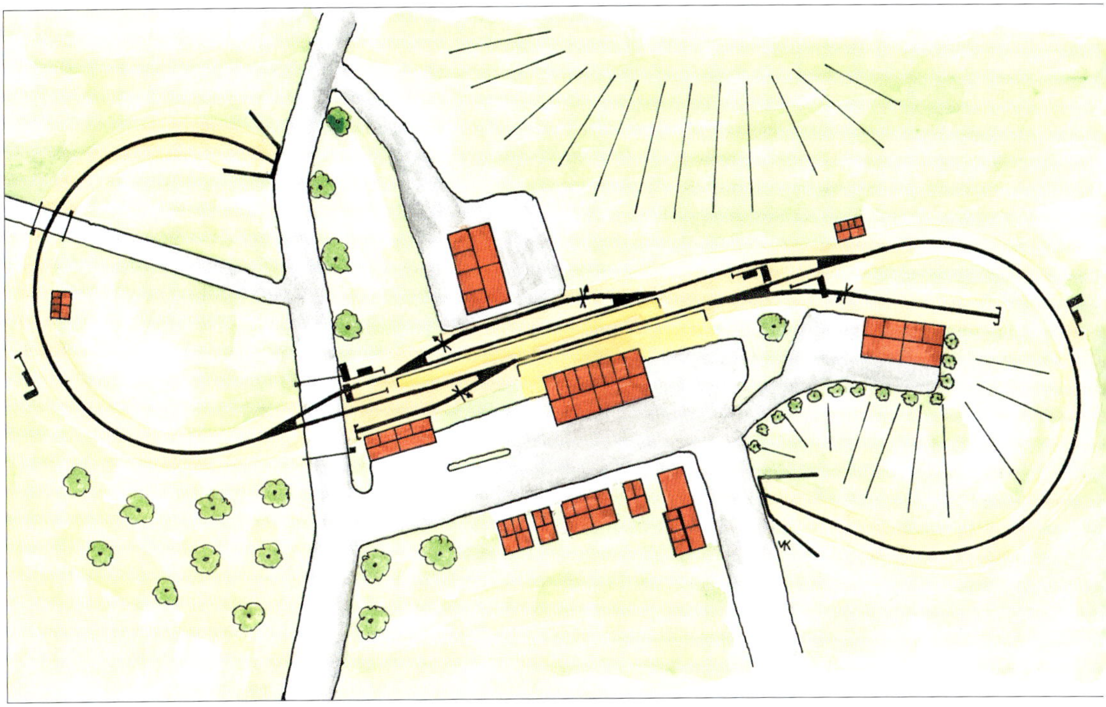

Ein Rechteck-Anlagenvorschlag, der den Geldbeutel schont und dennoch schon eine Menge Fahrspaß bietet. Der kleine Kreuzungsbahnhof „Wesenstein" verlangt Rangier- und Bedienungsfahrten, außerdem können sich zwei Züge kreuzen, wenn im Untergrund ein weiterer (Schatten-) Bahnhof vorgesehen wird.

mal in geschlossenem Zustand mit dem Dreirad aufgefahren hatte – und weil die ausgemusterten Türen alle noch in der Garage stehen, könnte man die ja im Rahmen einer Zweitverwertung wieder ins Haus wuchten und als Modellbahnplatte verwenden – so zwei bis vier Türen aneinander- und nebeneinandergelegt zum Beispiel. Diese „Holztrumpen" sind so richtig schön schwer, geben zudem für die Gleise einen prima Resonanzkörper ab und werden einem später noch die helle Freude bereiten, wenn man mehrere Bohrer verbraucht, um an unzähligen Stellen kleine Löchlein reinzubohren, damit die Kabel

Schnell fertig, aber wenig kreativ: Die Fertiganlage

der Anschlussklemmen und Weichenantriebe unterirdisch verlegt werden können.
Wie dem auch sei: Ich kenne genügend Leute, die mögen solch einen Unterbau, etwa nach der Devise: Warum soll ich's mir nicht schwer machen, wenn's alternativ auch einfacher ginge?

So ist das nun mal: Ob Tür oder Platte – im Normalfall hat man damit den Grundstein für die klassische Rechteckanlage gelegt. Und, zugegeben, meine erste Anlage hatte auch diese Form, nur ist es mir innerhalb von fünf Jahren nicht richtig gelungen, darauf etwas „Vernünftiges" unterzubringen, und so blieb es beim Auslegen von Probegleisen und der auf einmal in mir aufkeimenden Idee, mir doch mal ein paar Bücher über Anlagenplanung und -gestaltung zu besorgen.

Die Rechteckanlage, die jeder automatisch erst einmal im Hinterkopf hat, wenn er an eine Modellbahn-Anlage denkt, soll hier aber keineswegs verteufelt werden. Sind die Platten bzw. deren Einzelmodule groß genug, kann man auf ihnen durchaus eine sinnvolle Anlage planen, je nachdem, was für ein Anlagenthema man sich ausgesucht hat. Das klassische Bahnbetriebswerk oder der Rangierbahnhof lassen sich unter Umständen gar nicht mal so schlecht auf einer Quaderfläche unterbringen. Wer aber einen Fahrbetrieb wünscht, der wird mit dieser Anlagenform nicht unbedingt glücklich werden.
Rechteckflächen neigen dazu, dass man auf ihnen Ovalanlagen plant, vielleicht noch ergänzt durch einen Gleisbogen im Format einer „8" im zweiten Stock. Der größte Teil der langen Fläche steht für den Bahnhof zur Verfügung – und an den Enden muss man zusehen, wie man die Radien links und rechts aus dem Bahnhofsgebilde wieder herausführt. Für die Gleisplanung ergibt sich auf diese Weise ein gravierender Nachteil: Die Züge fahren links aus dem Bahnhof raus und kommen eine Minute später von rechts wieder rein. Das ist, wie man zugeben muss, nicht sehr realistisch. Deshalb bieten sich Alternativen an, über die man einmal genauer nachdenken sollte.

Die L-Anlage und die U-Anlage

Diese Anlagenform kommt den meisten Räumen optimal entgegen, so dass Sie mindestens zwei Wände eines Zimmers problemlos ganz oder teilweise einplanen können – im Normalfall die, an denen sich keine Heizkörper, Fenster oder ähnliche Dinge befinden, die man im eigenen Interesse möglichst nicht zubauen sollte.
Auf dem langen Rechteckteil des „L"s bringen Sie bevorzugt den größeren Bahnhof unter (die Streckenzuführung erfolgt beispielsweise unterirdisch), und der Platz des kurzen Schenkels steht der Abstellgruppe oder dem Bw zur Verfügung, so dass Sie gar nicht versuchen müssen, diese Themen noch irgendwie in ein großes Gleisoval hineinzuquetschen.
Ein konsequenter Ausbau dieser Idee ist die so genannte U-Form der Anlage. Hier stehen Ihnen neben dem großen zentralen Rechteck gleich zwei Schenkel

Am Tag X kommt der nächste Umzug

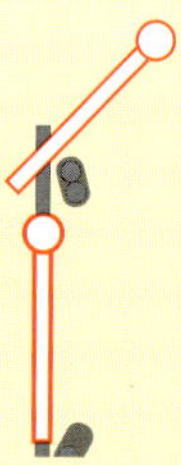

Oft will man es gar nicht wahrhaben, aber irgendwann im Leben wird der Tag kommen, an dem man sich eine neue Bleibe sucht. Hat man sich nicht gerade im eigenen Haus einquartiert, von dem man annimmt, hier „bis zum bitteren Ende" bleiben zu wollen, ist es durchaus im Rahmen des Möglichen, dass man eine Mietwohnung auch mal wieder räumen will oder muss. Der Abtransport einer riesigen Platte macht dann auf jeden Fall Probleme – und wer weiß, ob sie mit exakt diesen Abmessungen überhaupt weiterverwendet werden kann.
Als Freund einer Rechteckanlage bauen Sie dem vor, indem Sie die Gesamtplatte schon bei der Konzeption so anlegen, dass diese aus mehreren Teilen („Modulen") besteht, deren Größe 100 x 100 Zentimeter nicht überschreitet. Die Anlage lässt sich dann problemlos zerlegen – und im ungünstigsten Fall müssen Sie später nur ein oder zwei Module umplanen und woanders wieder ansetzen, so dass der ganze Rest weiterverwendet werden kann.

zur Verfügung, die sich je nach Vorliebe unterschiedlich belegen lassen – zum Beispiel mit einem Gleiswendel „eine Etage abwärts", dem kleinen Rangierbahnhof am Rande der Stadt – oder dem Betriebshof als Lok-Abstellmöglichkeit.

Die „Kamm"-Anlage

Den eben genannten Formen setzt die Kamm-Anlage, die die Form eines „E"s hat, noch eins drauf. Je nach verfügbarem Platz kann man zudem den Kamm mit weiteren „Zungen" erweitern. Während sich die zusammenhängende Hauptfläche für einen größeren Bahnhof geradezu anbietet, lassen sich auf den verschiedenen Zungen dann die Zusatzthemen (Bw, Güterbahnhof, Abstellgruppe...) realisieren, die sich auch optisch gut vom Hauptbetrieb abheben, so dass man hier gar nicht erst mit gekonnten Handgriffen der Landschaftsgestaltung tricksen muss, um eine realistische Atmosphäre hervorzuzaubern.

Die Hundeknochen-Anlage

Wer nur „eingeschossig" bauen und Teile des Fahrbetriebs ungern ins „Kellergeschoss" der Anlage verbannen möchte, für den ist ein Anlagentyp bestens geeignet, die die Form eines Hundeknochens hat. Allerdings benötigt man dafür, je nach Thema, in der Gesamtlänge einen nicht zu unterschätzenden Platzbedarf.

Diese Form eignet sich besonders gut für die Realisierung von Themen, die eine freie Strecke mit mindestens zwei Durchgangsgleisen hervorheben. Auf dem ausgedehnten Mittelteil des „Knochens" lassen sich dann die langen Züge gut fahren und beobachten – und an den Außenrändern erfolgt zum Beispiel das „Wenden" mit Hilfe von 180-Grad-Bögen, in die man noch ein Spezialthema (wie den Betriebshof) hineinlegen kann. Gleichzeitig hat man den Nachteil der Rechteckanlage ausgeschaltet, dass man links aus dem Bahnhof hinaus- und in dieselbe Richtung rechts wieder hineinfährt.

Die Rundum-Anlage

Als letzte Überlegung gibt es die Option, eine Anlage zu bauen, die komplett an der Wand entlang verläuft. Auf diese Weise lassen sich lange Streckenführungen ermöglichen. Einzig ein etwa ein Meter langes Teil müsste mit Hilfe von Scharnieren nach oben wegklappbar angelegt werden, damit man noch bequem die Zimmertür öffnen kann.

Von der Mitte aus ist alles gut zugänglich, und wenn Sie die klassische Denkweise von der herkömmlichen Raumaufteilung

Achtung: Störung!

Wenn etwas mal nicht mehr richtig funktioniert, dann tritt das natürlich bevorzugt in schlecht zugänglichen Bereichen auf – in Schattenbahnhöfen, langen Tunnels oder inmitten der Rechteckanlage. Für letzteren Fall gilt: Bauen Sie Ihre Anlage auf jeden Fall so, dass Sie dann, wenn Sie von verschiedenen Stellen aus etwa einen Meter weit in die Anlage hineingreifen, dort noch jede Stelle erreichen können, ohne sich dabei verrenken zu müssen.

Optimal ist es deshalb – auch, wenn Sie eine größere Rechteck-Fläche zum „Vollpflastern" zur Verfügung hätten –, trotzdem eine Kamm-Anlage zu planen. Sie werden rasch merken, dass Sie sich damit selbst einen großen Gefallen getan haben. Denken Sie bei der Planung auch an Kleinigkeiten: Der Autor vollbrachte bei seiner ersten Rechteckanlage beispielsweise das „Kunststück", vorher gar nicht darüber nachzudenken, dass sich die Leuchtstoffröhre inmitten des Zimmers über der großen Anlage ja mal irgendwann verabschieden könnte. Als das dann prompt nach zwei Jahren passierte, gelang es selbst einem Freund mit dem berühmt langen Tennisarm nicht, an diesen Beleuchtungskörper überhaupt noch heranzukommen. Also mussten an anderer Stelle eine alternative Deckenbeleuchtung angebracht und die Zuführung der Stromleitung umgelegt werden.

Am Anfang steht die Theorie: Information sammeln, Ideen entwickeln

durchbrechen, dann folgt daraus, dass Sie die Regale mit Ihren Loks und Wagen nicht an eine Wand stellen, sondern auch in die Mitte des Zimmers hinein – sofern Ihr benötigtes und gesammeltes Material nicht komplett unter die Platte auf fahrbare Untersetzer passen sollte.

Die perfekte Gleisplanung

Jetzt gehen wir den letzten Teil des „Dreischritts" für die perfekte Planung an: Zunächst haben Sie sich auf ein Anlagenthema festgelegt, dann, damit zusammenhängend, auf die Anlagenform, und nun – im dritten Schritt – geht es um den Entwurf für einen passenden Gleisplan. Da Sie jetzt bereits die Eckdaten wie die Größe der Anlage kennen, geht es eigentlich „nur noch" darum, diese Fläche optimal zu füllen. Die Frage lautet deshalb: Wie stellt man das am besten an?

Die Extremideen: Papier & Bleistift oder das Schienen-Auslegen

Auf zwei Einfälle kommt man zunächst einmal ganz spontan. Der erste: Man nehme ein Blatt Papier, einen Bleistift, ein langes Lineal und ein paar Kurvenlineale. Dann malt man sich alles so auf, wie man's gern hätte. Diese Idee ist für den Anfang gar nicht mal so ganz zu verachten, denn auf diese Weise bekommt man eine erste optische Vorstellung davon, was einem vom Gleisbild her gut gefallen würde. Die Sache hat natürlich einen Haken, wenn es an die Verfeinerung dieser modernen Art von Kunst geht: Man wird auf diese Weise nie einen Maßstab auch nur annähernd so treffen, dass das, was man da aufgemalt hat, sich in vergleichbarer Form umsetzen lässt.

Ganz perfekt wäre deshalb – ganz zwangsläufig – der folgende Einfall: Man legt gleich im Maßstab 1:1 mit den Schienen und Weichen des gewählten Gleissystems die Anlage so aus, wie man sie gern hätte. Dabei lässt sich vortrefflich herumexperimentieren – und was das größte Plus überhaupt an dieser Sache ist: Im Exaktmaßstab 1:1 bekommt man beim Auslegen gleich einen optimalen Eindruck davon, wie das entstehende Gleisgebilde in natura denn nun wirklich aussieht: Hat man vielleicht zu stark gestaucht oder zu wenig Raum für den Bahnhofsvorplatz gelassen? Stimmen die Abstände zwischen den Gleisen für die Bahnsteige millimetergenau oder krachen die Führerstandsaufstiege der Loks gegen die Bahnsteigkanten?

Diese Form der Anlagenplanung hat leider auch einen Haken: Sie

Der Literaturtipp für Anlagenbauer

Wer beim Einstieg in das Thema Anlagenplanung nach weiterführender Literatur sucht, dem sei das fundiert verfasste und sehr gut bebilderte Werk mit dem Titel: „Das große Handbuch der Modelleisenbahn" von Markus Tiedtke ans Herz gelegt (GeraMond Verlag, München). In diesem werden auch die Themen des Rahmen-Unterbaus einer Anlage, des Gleisbaus und Gleis-Unterbaus sowie der Landschaftsgestaltung behandelt. Zudem gibt's diverse Basteltipps für Einsteiger und Könner.

Sorgfältige Planung schützt vor bösen Überraschungen

ist verdammt teuer. Denn wollen Sie nicht alle paar Tage erneut zu Ihrem Händler stiefeln, um ein paar vermutlich benötigte Gleise nachzukaufen, dann brauchen Sie von allen geraden Gleisstücken, gebogenen Schienen (in den unterschiedlichen Radien, versteht sich) sowie Weichen am besten ein ganzes Fuder auf Vorrat, damit Sie freizügig planen und umplanen können.

Ich verrate Ihnen vermutlich kein Geheimnis, wenn ich sage, dass der Kostenblock Gleise eine nicht zu vernachlässigende Größe ist. Irgendwie keine gute Idee wäre es deshalb zum Beispiel, Sie hätten unter anderem je drei komplette Kreise der Radien 3 und 4 eines Systems auf Vorrat erworben – und danach stellt sich heraus, dass Sie nur einmal den Kreis von Radius 3, dafür aber fünfmal den von Radius 4 für Ihre Anlage benötigen. Das „Bunkern" von Schienen auf Vorrat – und damit auch von denjenigen, die Sie später kaum in der einmal erworbenen Stückzahl zur Erweiterung der Anlage einbauen werden – ist deshalb keine sonderlich überzeugende Idee – vorausgesetzt, Sie haben nicht Geld wie Heu übrig und es ist Ihnen egal, wenn zum Schluss Schienen im Wert von 250 Euro übrig bleiben.

Das Kopier-System

Das Probeauslegen von Modellbahngleisen wäre ja wirklich die optimale Methode, würde sie nicht die Geldbörse so überaus strapazieren. Mit einem kleinen Trick geht es aber auch (fast) genauso gut. Sie brauchen in diesem Fall von jedem Gleis- und Weichenstück nur zwei bis drei Stück zu kaufen, und alles, was Ihnen nun noch fehlt, ist ein Kopierer mit einer Kopierplatte von mindestens DIN-A3-Größe.

Sollten Sie selbst keinen Fotokopierer zu Hause haben und ein wirklich feiner Kerl sein, der nicht einfach abends immer dann im Betrieb den Kopierer des Chefs gratis benutzt, wenn dieser mal wieder auf Geschäftsreise ist, dann sollten Sie die Handvoll Gleise zum nächsten Copyshop transportieren. Einzeln oder zusammengesteckt lassen sie sich (auf die Glasplatte über die Lichtschiene gelegt) beliebig oft zweidimensional reproduzieren und danach ausschneiden, so dass sie sich dann fast so gut zum Auslegen eignen wie die Originalgleise. Einziger Wermutstropfen ist ein kleiner Toleranzbereich, mit dem Sie zu kämpfen haben werden, weil sich die Kopien nicht so wie die Originale mit Hilfe von Schienenverbindern millimeter- und gradgenau zusammenfügen lassen.

Gleisschablonen und -planungshilfen

Es geht auch anders – und zwar mit ein paar Verkleinerungsstufen unterhalb des Probeauslegens im 1:1-Maßstab. Dabei bietet die Industrie für ihre Gleissysteme die unterschiedlichsten und zum Teil recht pfiffigen Möglichkeiten an, die im Schnitt für gar nicht einmal so viel Kleingeld zu erstehen sind:

- Die Gleisschablone: Mit Hilfe dieser Schablone kann man alle einzelnen Gleise mit einem spitzen Bleistift in einem vorgegebenen Verkleinerungsmaßstab mühelos aufs Papier übertragen (Bsp.: Märklin-C-Gleis, Schablone im Maßstab 1:5, Märklin-K-Gleis im Maßstab 1:10).
- Das Gleisplanspiel: Hier gibt es, z.B. aus Kunststoff, verkleinerte Abbilder der Originalgleise, die sich aneinanderlegen oder -stecken lassen (Beispiel: Das magnetische Gleisplanspiel für Märklin-C-Gleise im Maßstab 1:5 mit allerdings nur einer Teilauswahl aller existierenden Gleise). Ganz klasse war für die Märklin-K-Gleise das steckbare Gleisplanspiel, bei dem sogar Miniaturteile für Schiebebühnen, Drehscheiben sowie Brückenpfeilern für die 3-D-Pla-

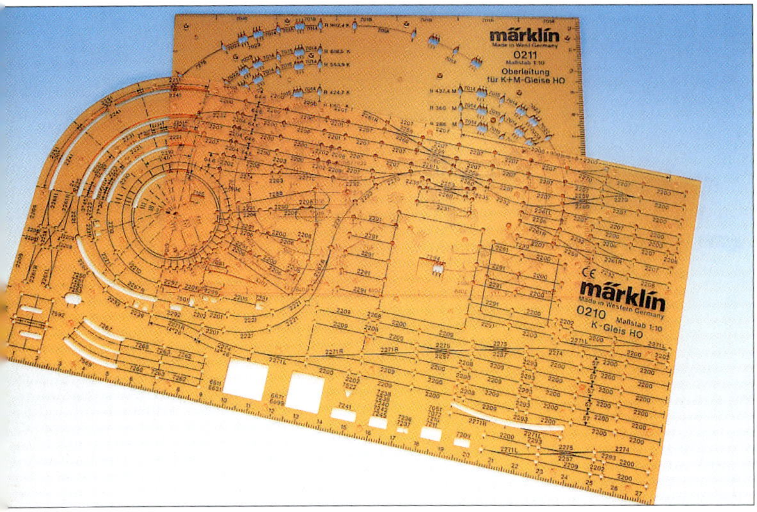

Gleisschablonen von Märklin

Das Auslegen von Gleisen bringt Schwächen an den Tag

nung mitgeliefert wurden. „War" heißt: Leider ist dieses Planspiel aus mir nicht nachvollziehbaren Gründen aus dem Programm genommen worden.

■ Der Planungsbogen: Bei diesen Artikeln liefert der Hersteller einen Rasterbogen, der beispielsweise mit selbstklebenden und wiederverwendbaren Gleissymbolen ausgestattet ist. Ein typischer Vertreter dieser Gattung ist die Planungshilfe für das Roco-Line-Gleis.

Alle diese Produkte haben jedoch ebenfalls einen kleinen Nachteil, der nicht verschwiegen werden soll: An jeder „Bruchstelle" – also dort, wo zwei Gleise aneinander stoßen – kann der Übergang nicht hundertprozentig genau angelegt werden. Es bleibt also eine gewisse Fehlertoleranz – und je länger die Anlage ist, desto eher kann man sich, bezogen auf die 1:1-Planung, dabei schon mal um mehrere Zentimeter irren. Im schlimmsten Fall reicht dann die Leerfläche zwischen zwei Gleisen überhaupt nicht mehr, um den dazwischen eingeplanten Bahnsteig überhaupt noch unterbringen zu können. Das kann durchaus frustrierend sein, wenn man sich vorher stundenlang an einem Gleisplan im Miniaturformat verkünstelt hat...

Die Planung per Computer

Alles – oder wohl besser gesagt: fast alles – soll ja heute mit Hilfe des Computers einfacher und schneller gehen – und so war es nur eine Frage der Zeit, bis die ersten Softwareprogramme für die Gleisplanung am heimischen PC auf den Markt geworfen wurden. Die ersten (wie auch heute noch einige billige im „Unterwasser-Preisbereich") brachten einen mehr durcheinander als dass sie einem halfen. Wenn nämlich das System keine Gleisstücke generieren kann, die sich außerhalb der „Normalradien" bewegen (und deshalb zum Beispiel Bogenweichen mit sonderbaren Übergangsradien so darstellen, dass sie auf dem Bildschirm gar nicht aneinander stoßen, obwohl sie's in echt tun würden), dann weiß man: So etwas hilft einem nicht sonderlich und kostet nur unnütz Geld.

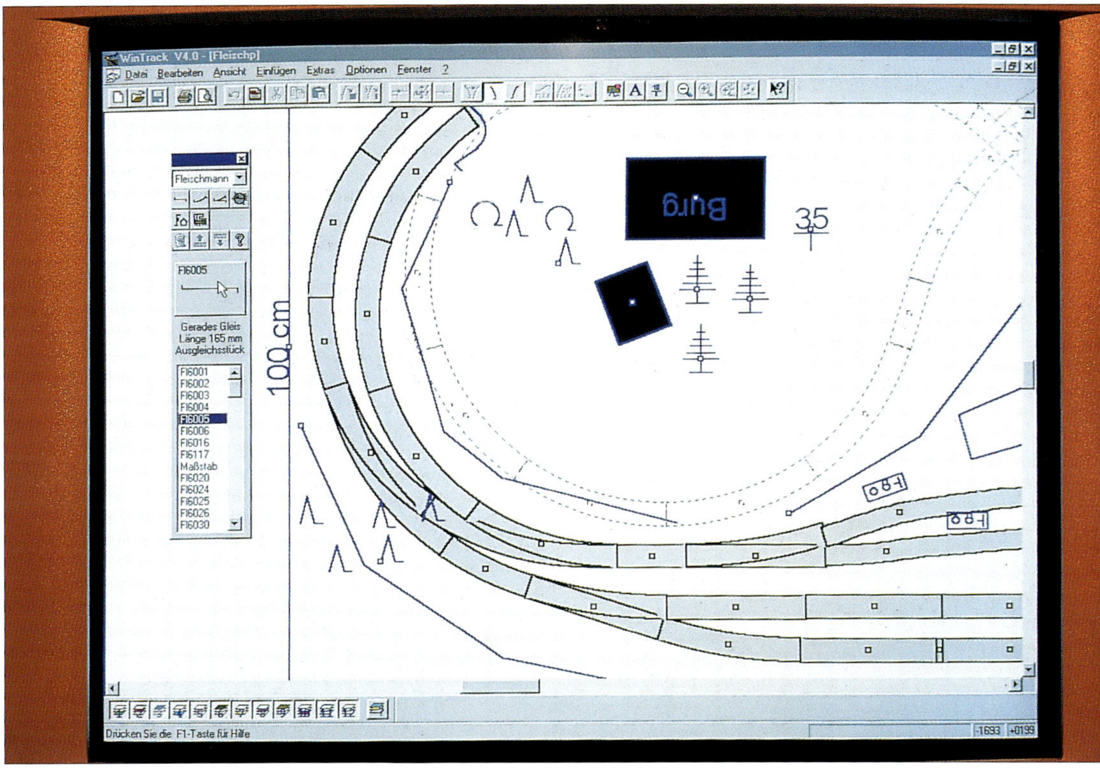

Gleisplanung am PC – verschiedene Planungsprogramme stehen zur Auswahl

Doch inzwischen gibt es bessere Systeme auf dem Markt, und viele davon haben die kompletten Programmbibliotheken der Gleissysteme aller führenden Hersteller einprogrammiert, so dass sie sich vielseitig einsetzen lassen. Wie alle modernen Anwenderprogramme heutzutage bieten auch einige dieser Planungsprogramme eine Unmenge Zusatzfunktionen an – bis hin zu der bahnbrechenden Neuerung, dass sich sogar Gebäudemodelle und Landschaft darstellen lassen, damit man sich schon am PC vorstellen kann, wie so ein Bahnhofsgleisplan denn mit Bahnhofsgebäude zusammen aussehen könnte.

Arm dran ist derjenige, der derartige Animations-Spielchen braucht, um sich ausmalen zu können, wie sein Gleisplan nach abgeschlossener Planung in der Realität aussehen wird. Das alles ändert aber nichts daran, dass es bei PC-Programmen für den Modellbahnbereich nicht anders aussieht, als bei normalen Anwenderprogrammen für die Textverarbeitung oder Tabellenkalkulation: Die Programme können immer noch mehr – und sind dadurch immer noch schwieriger zu bedienen.

Oder freundlich ausgedrückt: Man braucht in einer Vorschaltphase erst einmal eine Menge Zeit, um sich anzulesen oder um auszuprobieren, was man von den Möglichkeiten, die die Software bietet, überhaupt braucht und wie man diese Programmfunktionen dann im nächsten Schritt richtig bedient. Ganz plastisch ausgedrückt heißt das: Zunächst rudern Sie erst einmal langsam ein Stück in die Gegenrichtung, um danach dann mit doppelter Geschwindigkeit in die Wunschrichtung rudern zu können.

Das ist nicht jedermanns Sache, und wer kein ganz neues PC-Programm lernen und nicht auch noch abends „vor der Kiste hocken“ will, um im heimischen Büro einzustudieren, wie er dort einen Gleisplan fürs Modellbahnzimmer unten im Keller entwickeln kann, der sollte besser von dieser Art der Gleisplanung Abstand nehmen.

Wer es sich als Technikbegeisterter hingegen antun möchte, sich in ein ausgefeiltes Programm einzugewöhnen, mit dem er seine Anlage exakt planen kann, dem bieten die meisten Systeme eine Menge von komfortablen Vorzügen, zum Beispiel die folgenden:

- „Der Computer irrt sich nicht": Was Ihnen bei Gleisplanspielen sicher „gelingt" – leichte Toleranzverschiebungen durch nicht-passgenaues Aneinandersetzen der einzelnen Gleiselemente –, das gibt's beim Computer nicht: Wenn der Gleisplan hier hundertprozentig passend aussieht, dann ist er's auch.
- Einige Rechen- und Tüftelarbeit bleibt einem mit Komfortfunktionen erspart, wenn das Programm beispielsweise über die Möglichkeiten verfügt, selbstständig Lücken zwischen zwei entfernten Gleisstücken schließen, Parallelstrecken zu erzeugen und Steigungen berechnen zu können.
- Integrierte Statistikprogramme bieten auf Mausklick die Option, sich in Sekundenschnelle den bisher verbauten Gleisbedarf exakt aufgegliedert nach Artikelnummern des Herstellers auf den Bildschirm zu holen. Wenn man zudem noch die Einzelpreise eines jeden Gleisstücks eingeben kann, zeigt das Programm automatisch mit an, für wieviel Geld auf den Cent genau ich bisher Gleise auf der Anlage eingeplant habe – was also die spätere Umsetzung der Planung in Summe kosten wird.

Sollte Ihnen die Möglichkeit zusagen, den Gleisplan am eigenen PC zu entwickeln, dann lassen Sie sich am besten im Fachhandel beraten, welche aktuellen Programme welcher Anbieter zurzeit auf dem Markt sind. Ist der Händler selbst kein PC-Spezialist und kann er Ihnen nur ganz grob sagen, von welchem Programm er durch seine eigene Kundschaft „gehört hat", dass es angeblich gar nicht übel sei,

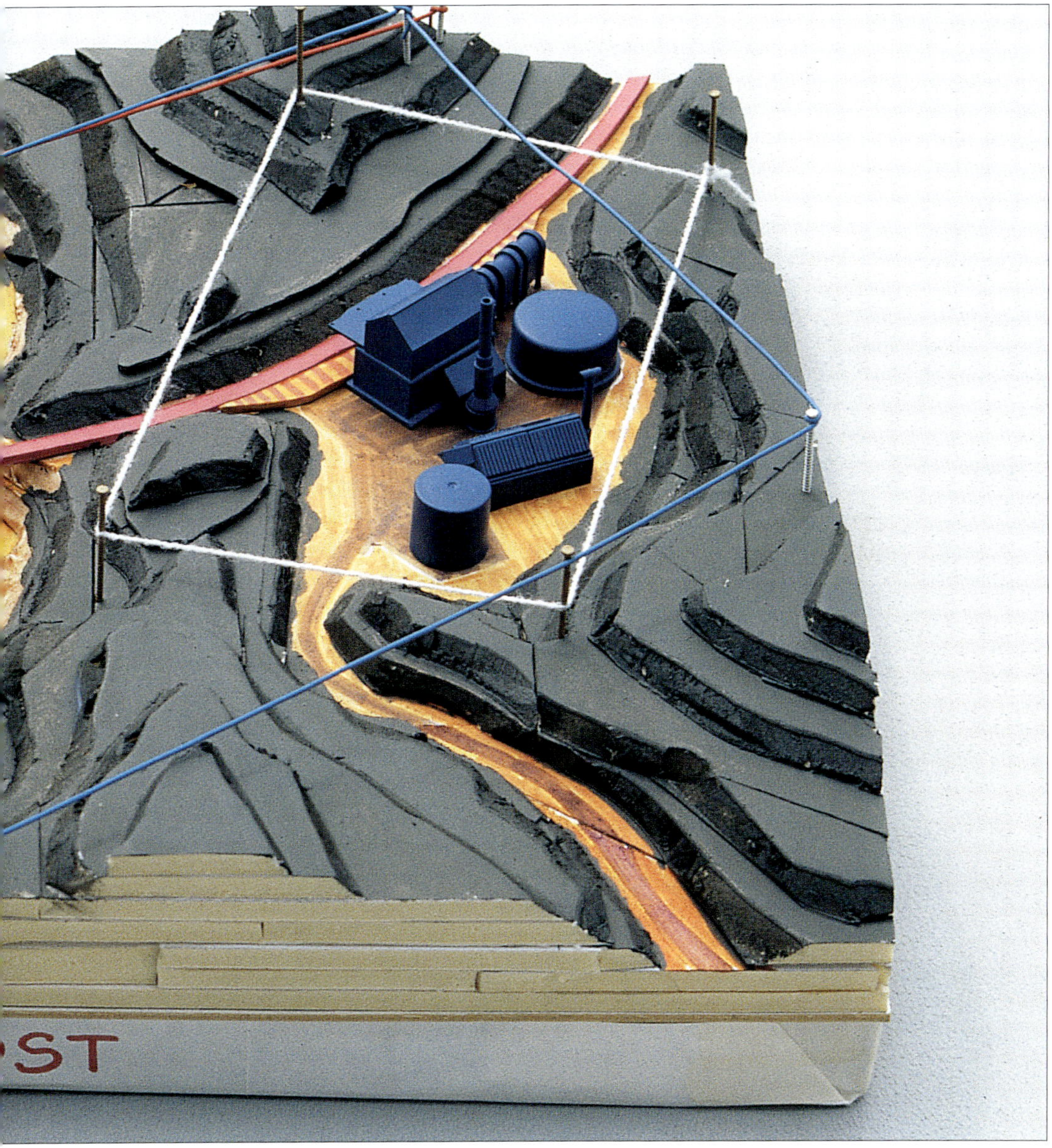

Ein Miniaturmodell der geplanten Modellbahnanlage gibt vorab Auskunft über Gestaltungsmöglichkeiten

so können Sie die betreffenden Hersteller anschreiben oder per Internet/E-Mail kontaktieren und um aktuelles Infomaterial bitten. Reicht Ihnen nach intensiver Lektüre auch das noch nicht aus, so haben die meisten Anbieter dieser Planungsprogramme eine Telefonhotline für technische Anfragen, wo man die noch nicht zur Zufriedenheit beantworteten Fragen vorbringen kann. Das ist im Übrigen auch empfehlenswert, denn ein gekauftes Softwareprogramm lässt sich nach Aufreißen der Verpackung im Allgemeinen nicht wieder zurückgeben, sollte es einem aus irgendeinem Grund nicht gefallen.

Abendstimmung in einem Großstadtbahnhof der Epoche III: Sie ist nach wie vor die beliebteste Epoche bei Miniatureisenbahnern

Atmosphäre schaffen mit Eisen

bahn-Epochen

Auf Gleis 1 ist soeben ein moderner ICE eingetroffen – und auf Gleis 2 fährt gerade eine Stromlinien-Schlepptenderdampflok der Baureihe 01^{10} ab und zieht ihren Acht-Wagen-Zug mit den imposanten Hechtwagen und dem Emblem der „Deutschen Reichsbahn Gesellschaft" (DRG) aus dem Bahnhof heraus. „Ja und?", können Sie sich jetzt fragen, „was geht mich das bitte schön an?". Und die Antwort lautet: Viel, denn über diese Anlagen-Atmosphäre sollten wir mal etwas genauer nachdenken.
Klar ist: Der ICE könnte aus dem Jahr 2000 kommen – und der Dampflok-Schnellzug von Anfang der 40er Jahre stammen. Dazwischen liegt mehr als ein halbes Jahrhundert. Oder anders ausgedrückt: Lässt man mal den Spezialfall von Museumseisenbahnen beiseite, wird es in der Realität keine Situation geben, wo sich diese beiden Züge zur selben Zeit am selben Ort treffen werden, denn zu den Zeiten, zu denen sich die ICE-Züge im Planeinsatz befinden, sind die 01 und ihre „Hechte" schon lange den Weg des „alten Eisens" gegangen.
Damit sind wir bei der letzten Grundlagen-Entscheidung, die Sie nach dem für Sie optimalen Maßstab, dem Betriebs- und Gleissystem, dem Anlagenthema und der Anlagenform treffen sollten, um sich später einmal darüber freuen zu können, dass Sie schon am Anfang alles Wichtige vorausbedacht und sinnvoll geplant haben. Die Frage lautet: Die Nachbildung welchen Zeitabschnitts würde Ihnen persönlich die größte Freude bereiten? Um Ihnen die Vorauswahl zu erleichtern, haben die Fachpresse und die Hersteller die gesamte Bandbreite der Eisenbahn in fünf aufeinander folgende Zeitabschnitte (= „Epochen") segmentiert und die Fahrzeuge allesamt diesen Abschnitten zugeordnet.

Die fünf Epochen im Überblick

Weiter vorn haben wir schon von der Zweiteilung der Hobbyfreunde erfahren. Wenn Sie sich also als der geborene Spielbahner „outen" und mit Freude dazu stehen, dass Sie einfach Spaß mit Ihrem Hobby haben wollen, dann interessiert Sie dieses Thema für die Umsetzung Ihrer Modellbahnanlage zuerst einmal herzlich wenig – mal abgesehen davon, dass ein bisschen Fachwissen nicht schaden kann, damit sich auch in Fachkreisen gut mitreden lässt.
Also: In diesem Fall „dürfen" Sie ruhigen Gewissens das kaufen und damit fahren, was Ihnen spontan gefällt. Und daher gibt es auch überhaupt nichts zu lästern, wenn in Ihrem Modellbahn-Betriebswerk eine grüne deutsche Länderbahn-Dampflok aus dem Ringlokschuppen herauslugt – und auf dem Ferngleis davor eine moderne französische Zwei-Strom-Ellok des Typs Sybic mit einer schwedischen InterCity-Garnitur vorbeirauscht. „Pah!", können Sie sich ganz relaxed sagen, „was, bitte schön, ist daran so komisch, denn die Sachen sehen alle einfach toll aus?!"
Recht haben Sie in diesem Fall – und wenn Sie dazu auch noch stehen, kann man Sie nur beneiden, denn so werden Sie niemals Opfer von sklavischen Selbstbeschränkungen werden. Dennoch gibt es die folgenden Fakten zu bedenken, die Ihnen, zumindest ein bisschen, die Freude auf die Dauer doch verhageln könnten:

- Jetzt, wo Sie wissen, dass Sie nach dieser „Fun-Strategie" vielleicht diverse Züge besitzen oder besitzen wollen, die von ihrem Einsatzgebiet und ihren Epochen her überhaupt nicht zueinander passen, müssen Sie darüber nachdenken, ob das überhaupt einen Sinn macht. Und Sie wissen, dass es andere Hobbyfreunde auch wissen – und sich ihren Teil denken, wenn Sie denen stolz Ihre Anlage vorführen werden. Das ist Psychologie, und dieser Logik können Sie sich jetzt nicht mehr entziehen. Sie können's auch so sehen: Der Autor dieses Buchs hat mir diese Idee der Freizügigkeit, jedenfalls ein ganz kleines Stück, vermiest.
- Wenn Sie sich all das gern kaufen würden, was Ihnen gefällt – die ganzen Epochen rauf und runter und quer durch alle Bahnverwaltungen am besten auch noch –, dann werden Sie bald vermutlich ein empfindliches Geldproblem bekommen, denn es wird Ihnen zuviel gefallen. Falls Sie aber zu den Glücklichen gehören, die dieses Problem noch meistern können, wartet Problem Nr. 2 gnadenlos auf Sie: Es ist der Platz, denn ir-

Auslieferung einer neuen Länderbahndampflok bei August Borsig: ein herrliches Motiv der Epoche I

gendwann können Sie Ihre ganzen Lokschachteln und Wagenpackungen beim besten Willen nicht mehr stapeln. Also folgen Frust oder gar der Ausstieg aus dem Hobby. Und das wäre doch schade, oder?

■ Wenn Sie noch gut damit leben können, Züge aus völlig verschiedenen Epochen bei sich fahren zu lassen, dann bewahrt Sie das nicht vor dem nächsten optischen Bruch, nämlich durch das Anlagenzubehör, für das Sie sich entscheiden. Ein moderner Großstadtbahnhof sieht zwangsläufig anders aus als ein Backsteinbau aus der Jahrhundertwende. Moderne Rechteckschuppen für die Elloks passen nicht zu daran vorbeifahrenden alten Reichsbahn-Donnerbüchsen aus der Zeit vor dem Zweiten Weltkrieg. Und ob Sie sich eckige breite ICE-Bahnsteige im Look der Jahrtausendwende besorgen oder welche mit rustikalen Verschnörkelungen und nachempfundenen Gaslaternen – diese Entscheidung wird Ihnen auch niemand abnehmen können.

An dieser Stelle soll aber nicht minder deutlich gesagt werden, dass im Normalfall selbst die „Freaks" der ganz modernen Bahn gern ein bis zwei Oldtimerzüge auf ihren Anlagen fahren lassen, denn wir alle wollen das Hobby ja nicht gar zu verbissen betreiben. Andererseits aber macht es schon Sinn, sich zumindest schwerpunktmäßig auf eine oder zwei zusammenhängende Epochen festzulegen. Der Textkasten (S. 100) mit den Charakteristiken der fünf Hauptepochen soll Ihnen dabei helfen, herauszufinden, nach welchem Zeitraum Ihnen am meisten „der Sinn steht".

Nur damit Sie nicht erschrecken, wenn Sie mal in der Literatur darüber stolpern sollten: Einfache Dinge kann man auch schwierig machen, um sich selbst und anderen zu beweisen, dass man der totale Fachmann ist – und die anderen alle bedauernswerte Laien sind. Die Experten der schreibenden Zunft haben deshalb die fünf Hauptepochen weiter untergliedert, so dass es eine Epoche Ia bis Id oder die Epoche IVa und IVb gibt. Das sollte einen allerdings nicht beunruhigen, und auswendig lernen sollte man das lieber auch nicht. Die Grobeinteilung mit den fünf voneinander abgegrenzten Epochen hat schon eine tiefere Bedeutung, und so wollen wir es auch dabei belassen.

Die fünf Eisenbahnepochen für den Modellbahnbetrieb

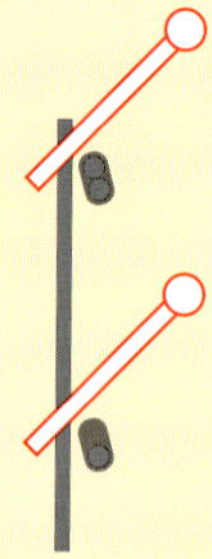

Am Beispiel der deutschen Bahnen lassen sich die unterschiedlichen Epochen folgendermaßen voneinander abgrenzen:

Epoche	Zeitraum	Charakteristiken
Epoche I	1835 – 1920	■ Beginn des Eisenbahnbetriebs überhaupt sowie Aufbau der ersten Strecken- und der neun großen Staatsbahnnetze ■ vier Wagenklassen ■ unterschiedliche Lackierungen der Länderbahnfahrzeuge ■ langsam einsetzende Entwicklung eines eigenen Fahrzeugbaus, u.a. von Heißdampfloks und Akku-Triebwagen
Epoche II	1920 – 1945	■ Gründung der Deutschen Reichsbahn-Gesellschaft (DRG) und Umnummerierung der Länderbahnfahrzeuge ■ erste Entwicklungsprogramme für Einheitsfahrzeuge ■ Wegfall der vierten Wagenklasse und der Gasbeleuchtung ■ erste Mitropa-Schlaf- und -Speisewagen ■ In der „Endphase“ Reichsadler-Emblem, Bau von Kriegsloks und -wagen ■ erste Abkommen für länderübergreifende Güterwageneinsätze (z.B. RIV)
Epoche III	1945 – 1970	■ zunächst Demontagen und Besatzungszonen ■ Gründung der Deutschen Reichsbahn (Ost) = DR sowie der Deutschen Bundesbahn (West) = DB ■ Entwicklung der Neubau-Dampfloks und Modernisierung vorhandener Dampflokomotiven (neue Kessel, Ölhauptfeuerung) ■ erste große Beschaffungsprogramme von Einheits-Elloks und neuen Diesellokbaureihen, Einführung der 26,4-Meter-Personenwagen ■ ab 1956 Wegfall der dritten Wagenklasse, 1957 Einführung des TEE-Verkehrs ■ beginnender Austausch von Formsignalen gegen Lichtsignale, Entstehen einer neuen Bahnhofsarchitektur
Epoche IV	1970 – 1990	■ Einführung der „Computernummern“ (z.B. 140 160-3 statt vorher E 40 160) ■ langsam zur Neige gehender Plandampfbetrieb ■ neue Farbkonzepte: bei der **DB** zunächst die „Popfarben“ bei den Reisezugwagen, dann „Türkis/Beige“ („t/b“) bei allen Loks und Personenzugwagen mit Ausnahme von rot-beigen „InterCity“-Loks und -wagen;Bei der **DR** Personenwagen in der Farbkombination Rehbraun/Beige/Grün sowie bei den höherwertigen Städte-Express-Wagen Rehbraun/Beige/Orange ■ Ab 1979 ausgeweiteter IC-Verkehr, neu mit der zweiten Wagenklasse ■ In der letzten Periode der Epoche Einführung des ICE-Systems mit Neubaustrecken sowie der InterRegio-Züge in blau-weißem Anstrich (ab 1988)
Epoche V	1990 – heute	■ Einführung der orientroten Farbgebung, ■ Vereinigung der beiden deutschen Bahnen zur DB AG im Jahr 1994 und Änderung des Farbschemas bei Loks, Personen- und (!) Güterwagen auf „Verkehrsrot“ ■ Umlackieren aller hochwertigen Reisezugwagen in ICE-Farben (seit 2001) ■ Trennung der Bahn in einzelne Geschäftsbereiche, ■ Neue ICE-Triebwagenzüge sowie neue Nahverkehrs-Triebwagen ■ vermehrt private Anbieter von Schienenverkehrsleistungen, Regionalisierung ganzer Teilnetze ■ Entstehen der Werbelokomotiven

Klassischer Personenzug der Epoche II: Länderbahndampflok mit Reichsbahn-Nummer und Abteilwagenzug

Die Wahl der geeigneten Epoche für Ihre Anlage

Abhängig davon, welche Epoche auf Sie den stärksten Eindruck macht, ist es nicht verkehrt, sich dann auf eben diese zu spezialisieren. Um die vorbildgerechte Beschäftigung mit der Modellbahn nicht päpstlicher als der Papst erscheinen zu lassen, kann man auch zwei zusammenhängende Epochen wählen, z.B. die Epochen IV und V, denn einen ganz klaren Schnitt gibt es da ebensowenig wie zwischen den Epochen III und IV, sieht man mal davon ab, dass man an der Computerbeschriftung sehr einfach sehen kann, ob etwas schon zur Epoche IV gehört oder nicht. Aber auch für die „Puristen" unter uns gibt es hier einen Toleranzzeitraum: Schließlich wurden auch nicht alle Loks und Wagen schlagartig in einer Nacht mit neuen Lok- und Wagennummern versehen...

Bezüglich der Epochen gibt es (ähnlich wie bei den konkurrierenden Betriebssystemen) einige unschöne Vorurteile, die einfach verschwinden wollen. Zum Beispiel die folgenden:

- Epoche I ist höchstens was für die Opis unter uns, denn das hat ja (fast) kein Mensch mehr gesehen.
- Junge Leute, die sich für die Epoche II und vielleicht sogar noch für Kriegsgeschütze und Panzerzüge interessieren, sind alle verkappte Militaristen.
- Die „neue Bahn" der Jahrtausendwende ist so eintönig, was Triebfahrzeuge und Einheitslackierungen anbetrifft – da kann man gleich mit einer Autorennbahn spielen, bis es einem nach wenigen Stunden zum Hals raushängt.

Solche Einschätzungen entspringen den subjektiven Meinungen vieler Fans und sind, derart verallgemeinert, wirklich reiner Quatsch. Zwar stimmt es, dass wir selbst zur Epoche I meist keinen direkten Bezug mehr haben und dass orientrote Loks nicht von jedem Betrachter als irre

Ein Thema für Spezialisten: Die Länderbahnzeit (Epoche I)

Reichsbahn in der Epoche IV: EDV-Loknummern und Umbauwagen

schön empfunden werden. Aber nicht jeder, der einen Panzerzug auf seiner Anlage fährt oder dort ein schweres Geschütz in Stellung bringt, hat einen unverbesserlichen politischen Rechtsdrang – wenngleich durchaus die Frage erlaubt sein darf, ob es nicht optisch und kulturell schönere Epochen zum Nachbilden gibt als nun gerade die Perioden des Ersten und Zweiten Weltkrieges.

Vor einigen Jahren galt die Epoche III als die bei Modellbahnern beliebteste, und das Interesse verlagert sich zunehmend hin zur Epoche IV – dem Zeitraum also, in dem die meisten heutigen Erwachsenen als Jugendliche und junge Erwachsene mit der Bahn groß geworden sind. Und da die Modellbahnindustrie die meisten Modellneuheiten und Varianten in den Epochen anbietet, die am Markt am besten ankommen, haben Hobbyfreunde der Epochen III und IV zurzeit die besten Karten und können sich an einem besonders reichhaltigen Produktangebot erfreuen.

Andererseits ist es so, dass in den beliebtesten Baugrößen so langsam die meisten der so genannten Wunschmodelle realisiert worden sind, und deshalb stürzt sich die Industrie gern auch auf die Neubaufahrzeuge der Epoche V. Da diese im Vorbild als neue „Standardloks" größtenteils in großen Baulosen beschafft werden und zudem, bedingt durch verschiedene Auftraggeber, in diversen Farbvarianten gefertigt werden können, profitiert der Freund der modernen Bahn von diesen betriebswirtschaftlichen Überlegungen der Hersteller.

Bei der Wahl Ihrer Wunschepoche sollten Sie sich nicht davon leiten lassen, was „anderen" gefällt, sondern davon, was Ihnen selbst zusagt. Da der „gesunde Menschenverstand" sich nicht statistisch messen lässt und etwas nicht automatisch deshalb ganz toll ist, nur, weil die Mehrheit das so sieht, muss es Sie überhaupt nicht beunruhigen, sollten Sie sich für eine „Minderheitenepoche" begeistern, über die Ihr Hobbynachbar von nebenan nun zufällig gerade die Nase rümpft. Was wie sehr beliebt ist, ist eigentlich nur deshalb wichtig zu wissen, weil Sie daraus ableiten können, wie groß das Angebot der Industrie in der Zukunft für diese Epoche sein wird – oder wie einfach Sie Loks und Wagen wieder „wegbekommen", sollten Sie sich später einmal von einigen Stücken trennen wollen.

Am Beispiel einer DB-Großserien-Diesellok soll das Beliebtheits-Phänomen einmal genauer betrachtet werden. Die Serienausführung der Baureihe 216 (Ordnungsnummern 216 011 bis 216 224) wurde im Vorbild ab 1964 gebaut. Die Restbestände dieser Baureihe fuhren noch Anfang des neuen Jahrtausends im regionalen Güterverkehr (Geschäftsbereich DB Cargo) – früher waren die Maschinen auch im höherwertigen Reisezugverkehr eingesetzt. Am 1. Januar 2001 befanden sich von den ursprünglich 214 Serienloks noch 85 Exemplare im Einsatz, und zwar bei den Betriebshöfen Oberhausen, Osnabrück, Kassel und Gießen. Diese Baureihe hat folglich mehrere Epochen und Farbanstriche erlebt und kann deshalb auf sehr vielen Anlagen epochengerecht eingesetzt werden. Auf dem Modellbahnsektor

Nach wie vor überdurchschnittlich beliebt: Die Epoche III

(Beispiel: H0) gibt es zwei Hersteller, die diese Diesellok im Programm haben. Da ist einmal das schon etwas ältere Märklin-Modell, das es allerdings nur für das Wechselstrom-System gibt. Außerdem existiert eine Neuentwicklung des Anbieters Brawa, die quer durch alle Farbvarianten für Gleich- wie Wechselstromanlagen angeboten wird. Welch erstaunliche Anzahl an epochentypischen Varianten allein bei dieser Lokomotive für die Industrie machbar sind, zeigt der unten stehende Kasten – und die Hersteller haben noch nicht alle realisiert.

Wer sich die Mühe macht, öfter mal an der freien Strecke oder im großen Bahnhof das Vorbild zu studieren, wird im Übrigen rasch herausbekommen, dass es durchaus realistisch ist, auch „ältere" Farbkonzepte noch in jüngeren Epochen fahren zu lassen. So gibt es durchaus Maschinen, die ihre alte Farbgebung „Altrot" oder „Türkis/Beige" bis in das neue Jahrtausend hinein gerettet haben – und die sich gegenüber früheren Zeiten optisch

Epoche	Beschriftung + Farbgebung	durchschnittl. Beliebtheit bei Modellbahnfreunden
Epoche III	V160 altrot	++
Epoche IV	216 altrot	++
	216 türkis/beige	+
Epoche V	216 neurot mit Latz (DB-"Rundkeks")	–
	216 verkehrsrot (DB AG-"Magerkeks")	+ / –
	216 Redesign für Privatbahnen	regional +

Der Buchtipp für Vorbild-Lokexperten

Ganz genau weiß es ein jährlich aktualisiertes Werk: Welche Triebfahrzeuge gibt es derzeit bei der DB AG, wo sind diese stationiert, wann hatten sie ihre letzte Hauptuntersuchung – und auch: Mit welchem Lackierungsanstrich fährt jede Lok heutzutage herum? Diese akribisch zusammengestellte Publikation mit dem formalen Titel „Die Triebfahrzeuge der Deutschen Bahn AG und ihre Heimatbetriebshöfe“ erscheint jährlich im Röhr Verlag (Krefeld) und wird vertrieben von der Berliner „Fachbuchhandlung Loko-Motive“.

Epoche IV bei der DB: Die 218 217 zieht einen Schnellzug

nur dadurch unterscheiden, dass sie inzwischen ihr altes Bundesbahn-Emblem gegen das Logo der Deutschen Bahn AG eingetauscht haben.
Ohne nun ganz daneben zu liegen, kann man also in neueren Zeiträumen durchaus Loks mit älteren beliebten Farben fahren lassen – und wer den Perfektionsdrang etwas weiter treiben möchte als der typische Modellbahner, der könnte sich im Fachhandel die verschiedenen „DB-Kekse“ besorgen, die es von unterschiedlichen Anbietern als Aufreibelogos oder Nassschiebeschilder gibt und mit denen man seine Loks gegebenenfalls „nachbehandeln“ kann.

DR-Personenzug der Epoche IV: V 100 und ein „langer Halberstädter“

Ausländische Fahrzeuge – Chance statt Hemmschuh

Wer seine Anlage, zumindest in Ansätzen, auf das große Vorbild ausrichten will, der wird sich, wie wir gesehen haben, zunächst einmal schwerpunktmäßig einer Epoche verschreiben. Damit in Zusammenhang steht automatisch die Fahrzeugauswahl.
Wer sich innerhalb einer Epoche spezialisiert, wird sich eines bestimmten Anlagenthemas annehmen. Ist es zum Beispiel eine nicht-elektrifizierte Nebenbahn, macht es wenig Sinn, sich fuderweise mit Elloks einzudecken.

Als Gedankenanreiz sei darauf hingewiesen, dass man sich auch innerhalb einer Epoche einer bestimmten Region hingeben kann. Ganz einfach hat's derjenige, der die moderne Bahn und hier die augenblickliche Periode bevorzugt, denn so lässt sich in den diversen Vorbildmagazinen lesen wie auch durch Besuche in den größeren Bahnhöfen der Region herausfinden, was denn da charakteristisch jeden Tag fährt.

Je weiter Sie in den Epochen zurückgehen, umso mehr sind Sie auf Fachliteratur angewiesen, um herauszubekommen, was denn zu welchen Zeiten wo fuhr, welche Loks wo stationiert waren und wie charakteristische Zugbildungen jener Epoche ausgesehen haben. Was die Beschaffungsauswahl von Loks angeht, sollte man das natürlich ein bisschen großzügig angehen, denn rein theoretisch kann sich fast jede Lokbaureihe in fast jedem Landstrich – zumindest rein theoretisch – mal aufgehalten haben, zum Beispiel im Rahmen von Probe- oder Überführungsfahrten – oder als Leihlok.

Eine Sache wird dabei häufig übersehen: Sehr oft bleiben Modelle nach ausländischen Vorbildern im Laden liegen, denn sie sind bei vielen Modellbahnern wenig beliebt. Als „wahrer Deutscher" kauft man also möglichst nur deutsche Loks und Güterwagen, und der Österreicher hängt ausschließlich ÖBB-Güterwagen hinter den Zug mit seiner 1141er-Ellok.

Doch die Realität sieht gänzlich anders aus. Eine einzige Stunde Beobachtungszeit auf einem größeren Bahnhof oder Güterbahnhof würde Wunder wirken und vielen Fans diese Brett-vorm-Kopf-Denkweise nehmen. So fahren massenweise ausländische Güterwagen als EUROP-, Transfesa- oder RIV-Wagen kreuz und quer durch Europa; in Länder übergreifenden Fernver-

Es muss nicht alles DB sein: ÖBB-Stütztenderlokomotive der Baureihe 399

Der Literaturtipp für Epoche V-Fans: „Bahn-Atlas" und „Bahn-Jahrbuch"

Einmal im Jahr erscheint beim GeraNova Verlag (München) in der Reihe „Bahn extra" – jeweils für das Kalenderjahr aktualisiert – eine Sonderpublikation, die einen sehr guten Überblick über das aktuelle Bahngeschehen gibt:

- Das „Bahn-Jahrbuch" beschäftigt sich mit einer Vorschau auf das kommende und einem Rückblick auf das jeweils vorangegangene Jahr und informiert über wesentliche Bahnneuerungen und -veränderungen. Zudem ist jeweils ein Stationierungsverzeichnis der DB AG-Loks beigelegt, aus dem ersichtlich ist, welche Loks sich derzeit im Einsatzbestand befinden und bei welchen Betriebshöfen sie stationiert sind.
- Im Frühjahr 2001 erschien außerdem ein „Bahn Atlas". Er berichtet über das allgemeine Bahngeschehen in Deutschland und ist dabei nach Bundesländern bzw. Regionen gegliedert. Dabei lässt sich in Minutenschnelle auffinden, welche Fahrzeuge in der „Wunschregion" zum Einsatz kommen und wo sich ein Besuch zum Anschauen oder Fotografieren des Vorbildes lohnt. Zusätzlich gibt es eine Kurzübersicht über den Bahnbetrieb der Nachbarländer.

Epoche V: Die Ära der Werbelokomotiven

kehrszügen befinden sich auf deutschen Gleisen mitunter mehr französische Corail-Liegewagen oder österreichische Eurofima-Schnellzugwagen, als deutsche Wagen im Zug hängen. Und ausländische Loks fahren nicht nur im Ausland: München Hbf etwa wird regelmäßig von den ÖBB-Elloks der Reihen 1044 und 1016 („Taurus") erreicht.

Zwar kommen andererseits französische Elloks der beiden SNCF-Stromsysteme systembedingt nicht nach Deutschland hinein, und nur einige Schweizer SBB-Loks verfügen über spezielle Schleifstücke an ihren Pantographen, um bis Lindau fahren zu dürfen – aber die Logik, dass ausländische Fahrzeuge auf einer deutschen Anlage nichts zu suchen haben, hält keiner näheren Betrachtung stand.

Wenn Sie das wissen, tun Sie sich leichter beim freizügigen Einsatz bunt gemischter Wagengarnituren – und beim Schnäppchenkauf von Auslauf-Ware beim Händler. Denn so kann es passieren, dass die Hobbybahner vor Ihnen alle Wagen in den Regalen liegengelassen haben, auf denen sich Bahnverwaltungs-Bezeichnungen wie FS (Italienische Staatsbahn), CFL (Luxemburgische Staatsbahn), SNCB (Belgische Staatsbahn) oder DSB (Dänische Staatsbahn) befinden. In diesem Moment sollten Sie nicht

RegionalExpress in Epoche V: Triebzug BR 628 in Verkehrsrot

Ein Blick über den Großen Teich: Modellbahnen nach US-Vorbildern sind in Deutschland eher selten

Passt fast immer: Die Schmalspurbahn

zögern! Denn auf Ihrer Anlage könnten diese Modelle eine schöne Bereicherung sein...

Die zeitliche Epoche einer Anlage wird aber nicht allein durch die Fahrzeuge deutlich. Ebenso wichtig ist die Anlagenausgestaltung: Ob etwa ein Pferdefuhrwerk auf Kopfsteinpflaster Milchkannen zum Fachwerkbahnhof transportiert oder ob ein Smart mit Handy-Werbung auf dem Asphaltband vor dem DB-PlusPunkt parkt. Dieser Themenbereich könnte spielend eigene Bücher füllen; er sei jedoch hier nur kurz angedeutet.

03 124
Wo kaufe ich für
mein Hobby ein?

Der Käufer von Modellbahnzubehör und Fahrzeugen hat eine Vielzahl von Möglichkeiten, seine Wunschlok wie die DRG-Einheitslok im Fotografieranstrich zu erwerben

Alle wichtigen Entscheidungen betreffend Ihrer Anlagenplanung haben Sie jetzt getroffen. Nun gilt es noch festzulegen: Wem wollen Sie denn Ihr sauer verdientes Geld anvertrauen, das in Ihren Hobbyetat fließt? Das ist ja nicht ganz unwichtig, denn auf die Dauer können da ganz schöne Summen zusammenkommen und so lohnt es sich, zu ermitteln, welcher Händler Ihnen ein gutes Preis-Leistungs-Verhältnis bietet.

Der kompetente Fachhändler von nebenan: Gibt's den überhaupt noch?

Eines liegt nahe, wenn man an Modellbahnen denkt: das Modellbahnfachgeschäft. Am besten am selben Ort oder zumindest nicht gar zu weit weg. In unserem zweiten Kapitel in diesem Buch haben Sie schon einiges über die werte Händlerschaft erfahren – und der dort abgedruckte „Händler-Schnelltest" kann Ihnen dabei helfen herauszufinden, ob der ausgewählte Händler eher „Top" oder eher „Flop" ist.

Schwierig wird's, wenn der heutzutage gar nicht mal so unübliche Fall eintritt, dass es überhaupt keinen Fachhändler mehr in Ihrer unmittelbaren Nähe gibt – oder nur noch einen mit einem stark eingeschränkten Sortiment. Das Fachgeschäftesterben hat im letzten Jahrzehnt bereits rapide zugenommen, und das kommt auch daher, dass der Geschäftszweig Modelleisenbahnen als kapitalintensiv gilt und – auch wenn man es auf Grund der zum Teil hohen Produktpreise gar nicht glauben mag – mitunter nur sehr geringe Gewinnspannen ermöglicht.

Das allgemeine Preisniveau liegt zudem – und dazu kommen wir noch gleich – zumindest in Deutschland dauerhaft am Boden, weil es diverse Versender gibt, die permanent Sonderpreisware in den Markt hineinschleudern, so dass der Fachhändler am Ort auch im Preis nachgeben muss, um sich, so gut es halt geht, nicht gar zu weit vom Preislevel der Billigverramscher von der „Grünen Wiese" abzuheben.

Wer aus Altersgründen nicht aufgibt und dann auch kaum noch einen Nachfolger findet, der es sich antun will, dem scheidenden Geschäftsmann einen Warenbestand von einer viertel Million Euro abzukaufen, der versucht sein Heil mitunter mit einer Mixpreisstrategie, indem er beispielsweise in seinem Laden auch andere Produktgruppen führt, von denen sich nicht gar so schlecht leben lässt wie vom Verkauf von Rollmaterial für Modellbahnen.

Der eine handelt mit Pötten und Pfannen, andere haben eine Lottoannahme und ein Schreibwarengeschäft integriert – und der dritte hat vielleicht den Fotoservice für eine überregional tätige Fotoladenkette dazugenommen. Das alles ist nicht verwerflich, sondern eine logische Folge des starken Konkurrenzdrucks bei gleichzeitig stark dezimierten Ertragsaussichten.

Der Fachhändler hat's also schwer, denn man erwartet von ihm alles: Er soll super sortiert sein (und muss folglich viel Kapital binden), damit man sich auch alles angucken kann, er soll einen prima Service bieten – und am besten auch noch so schweinegünstig sein wie ein Versandgeschäft, das im Unterwasserpreisbereich agiert. Man muss kein Hellseher sein, um zu erkennen: Das klappt nicht. Aber man kann als Händler versuchen, in allen Disziplinen gut und in einigen sehr gut zu sein.

Für Sie als Neu- oder Wiedereinsteiger ins Hobby wäre es erst einmal gar nicht schlecht, wenn Sie tatsächlich ein Fachgeschäft finden, mit dem Sie auf Dauer zufrieden sind, denn gerade am Anfang ist es nicht verkehrt, einen Fachmann öfter gratis um Rat fragen zu können. Die Kataloge der Hersteller sind bunt und schön, und ein Versender schickt Ihnen natürlich gern alles zu, aber dann müssen Sie meistens selbst damit fertig werden. Bei komplizierten Artikeln wie Digitalprodukten ist es aber fast unmöglich, sich am Anfang allein durchzuwurschteln und vielleicht noch mal irgendwo anrufen zu dürfen, wenn man nun gar nicht mehr weiterkommt.

Leider ist es bei Modellbahnshops nicht anders als in anderen Industriezweigen auch: Es gibt gut sortierte Geschäfte (und sogar gut sortierte und gleichzeitig preisgünstige) mit Kompetenz, andere dagegen vereinen sämtliche miesen Eigenschaften auf einmal: Sie sind teuer, schlecht sortiert, bieten einen Null-Service und obendrein noch einen brummigen unmotivierten Verkäufer, dem es schon zuviel ist, wenn Sie eine Lokomotive nicht gleich kaufen, sondern zuvor doch tatsächlich erst einmal auf dem Testgleis laufen lassen wollen.

Diese Erfahrungen müssen Sie selbst machen – und die können dazu führen, dass Sie regelmäßig sogar gern 40 Kilometer weiter zum übernächsten Geschäft fahren, weil der eigentlch nächste Laden, zehn Kilometer entfernt, von einem launischen „Schnarchzapfen" geführt wird, der dem mutigen Motto fröhnt: Wir sind teuer, aber dafür sind wir auch schlecht!

Dabei ist die Größe eines Geschäftes – oder auch des Ortes, in dem sich das Geschäft befindet – nicht unbedingt immer ein Gradmesser dafür, wie gut der Laden denn wohl sein mag. Es gibt Riesengeschäfte, in denen Sie die Loks aus voluminösen Regalen – ähnlich wie an der Kühltheke im Supermarkt – gleich selbst entnehmen können, und sofort fallen von hinten wieder drei neue nach, wenn Sie die vorderste Reihe abgeräumt haben. Das Beratungspersonal scheint in solchen Läden ungewöhnlich häufig eine Dauerpause zu machen, denn zu erblicken sind weit und breit nur Einsortierkräfte, die aber leider bei lästigen Fragen nicht weiterhelfen können.

In ganz großen Geschäften ist der Chef unter Umständen, als Einkaufsleiter und Oberverwalter des Warenwirtschaftssystems, gar nicht mehr selbst „vorn an der Front" tätig. Und die Billighilfskräfte wissen vielleicht allerhöchstens noch, dass „Fleischmann" keine Leberwurstsorte ist und in welchen Regalen in welcher Reihe die Produkte denn einsortiert sind, so dass Sie bitte selbst danach

Der Tipp: Erarbeiten Sie sich Ihren persönlichen Rabatt

Modellbahnartikel sind ein „Luxusgut": Es ist schön, sie zu besitzen – aber man „braucht" sie eigentlich nicht. Deshalb befindet sich der Händler immer in dem Dilemma, dass er einerseits gern einen ordentlichen Gewinn machen möchte, anderseits aber auch weiß, dass er mit gekonnten Tiefpreisaktionen dem Kunden etwas mehr Geld aus der Tasche ziehen kann, als dieser sich das beim Betreten des Geschäfts vielleicht so gedacht hat.

Wenn Sie zu denjenigen gehören, die gleich bei fünf Händlern Stammkunde sind und bei jedem immer nur die Artikel kaufen, die sich dort gerade im Preisverhau befinden, dann können Sie davon ausgehen, dass man Ihnen niemals bei Normalware

auch nur einen müden Euro nachlassen wird – denn das Geld, das der Händler auf diese Weise „zu wenig" von Ihnen einkassiert hat, wird er auf andere Weise versuchen, wieder hereinzuholen: Hat Ihre Lok beispielsweise mal ein paar Wehwehchen, können Sie getrost davon ausgehen, dass man Ihnen, dem Gelegenheitskunden, bei den Serviceleistungen gehörig „das Fell über die Ohren ziehen" wird.

Die Treue zu einem guten Fachhändler kann sich deshalb auf die Dauer durchaus auszahlen, auch wenn die Konkurrenz von nebenan mal bei einzelnen Artikeln um wenige Prozentpunkte günstiger ist. Als guter Stammkunde müssen Sie vielleicht für die Herstellerkataloge weniger oder gar nichts bezahlen – und mitunter investiert der Händler auch mal eine halbe Stunde unberechnete Arbeitszeit, um Ihnen eine Lok wieder zu richten, die Mucken macht. Zudem haben schon viele Fans klein angefangen und sich dann zäh nach oben hochgearbeitet. Soll heißen: Wer anfangs das „Normalpreisniveau" des Händlers stützt, kann später einmal, nachdem er zum bekannten Stammkunden avanciert ist, als derjenige dastehen, der einen Dauerrabatt bei einigen Produktgruppen eingeräumt bekommt und nicht mehr überall die Preise bezahlen muss, die auf den Auszeichnungsetiketten aufgedruckt sind.

gucken, ob ein gewünschter Artikel auch greifbar ist. So ein Ambiente kann frustrierend sein – und ob Sie so ein „Fach“-geschäft wirklich unterstützen wollen, sollten Sie sich gut überlegen.

Auch bei kleineren Städten mit einem Modellbahngeschäft am Ort kann dieses durchaus gut sortiert und aufgrund der günstigeren Ladenmiete gegenüber einem Innenstadtshop mitunter sogar preisgünstig sein. Bei meinen Reisen durch Deutschland erlebe ich jedes Jahr wieder solche Überraschungen. Erblicken Sie in Händler-Kleinanzeigen in den Fachmagazinen beispielsweise solche Städte wie Lilienthal, Middelsfähr oder Langenlonsheim – ich schätze, dass Sie bei mindestens zwei Orten aus diesem Trio nicht wissen, wo diese sich überhaupt befinden –, so sollten Sie diesen Geschäften, wenn sich Ihnen die Chance bietet, durchaus mal einen Besuch abstatten: Sehr oft werden Sie positiv überrascht sein!

Neben einem guten Service und einer großen Produktbreite möchten Sie natürlich – auch im Fachgeschäft – günstig einkaufen, denn ich nehme an, dass auch Sie nichts zu verschenken haben. Abgesehen davon können Sie sich natürlich in kürzerer Zeit einfach mehr fürs Hobby leisten, wenn Sie preisgünstig einkaufen. Deshalb soll jetzt einmal versucht werden, die Fachhändler in verschiedene Kategorien zu unterteilen, so dass Sie sich ein Bild davon machen können, welche Art von Händler Sie jeweils vor sich haben. Dann können Sie auch besser reagieren und Ihre Käufe so steuern, dass Sie die jeweilige Geschäftspolitik des Händlers in Ihre persönlichen Kaufplanungen mit einbeziehen.

Preisvorteile über den Eisenbahnclub

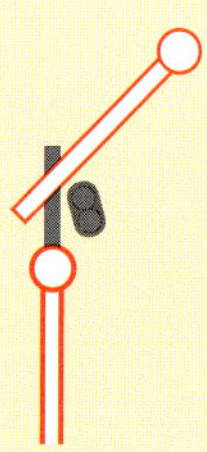

Nicht jeder kauft so viel, dass er sich gleich binnen kurzer Zeit als „1a-Kunde“ beim Händler profilieren kann und deshalb einen individuellen Spezialrabatt eingeräumt bekommt. Wer damit leben kann, dass andere die Ware für einen selbst heranschaffen, der ist mitunter auch in einem Modellbahnclub gut aufgehoben. Abgesehen davon, dass man seine eigenen Neuerwerbungen auf der großen Clubanlage vor stilechten Zügen fahren lassen kann, haben einige größere Clubs die Sache mit dem Rabatt beim Fachhändler schon vor Ihnen erfolgreich ausgetestet und treten deshalb als „Sammelbesteller“ auf. Der Händler kann sich dann überlegen, ob er den Mitgliedern freiwillig auf Dauer etwas nachlässt (wenn sie sich fuderweise mit Bestellungen bedanken) oder ob er lieber riskieren will, dass der Händler zwei Orte weiter das Geschäft macht. Auf diese Weise profitieren Sie als Clubmitglied, der ein „Kleinbesteller“ ist, von den besseren Einkaufsbedingungen, die so mancher Club ausgehandelt hat.

Der Immer-teuer-Hochpreisexperte

Es gibt Leute, mit denen kommt man einfach nicht ins Geschäft. Wenn viele Händler vielleicht mal gerade mit Ach und Krach 20 Prozent auf ihre Einkaufspreise aufschlagen und hoffen, sich damit irgendwie über Wasser zu halten, dann nützt Ihnen das wenig, wenn Sie sich einen Händler ausgeguckt haben, der um die 50 Prozent draufhaut, aber Ihnen gnädigerweise einen zehnprozentigen Dauerrabatt für Vielkäufer einräumt, so dass Sie effektiv „nur noch“ um die 20 Prozent mehr zahlen als woanders. Ob das so ist, werden Sie aufgrund von Preisvergleichen bei mehreren Händlern ja relativ rasch herausbekommen.

Gründe für ein teures Geschäft gibt es viele: Das kann die 1a-Innenstadtlage mit horrenden Quadratmetermieten sein – oder einfach der Wunsch des Ladeninhabers, dass Sie ihm bitte sein nächstes Zweifamilienhaus und seinen nächsten Superluxus-Geländewagen mitfinanzieren mögen. So jemand pokert darauf, dass Leute entweder aus Bequemlichkeit oder, weil sie viel Geld übrig haben, das man als Händler gern „abschöpfen“ möchte, trotzdem bei ihm kaufen, ungeachtet der hohen Preise für die Ware.

Vermutlich wird es so sein, dass auf die Dauer einfach der Preis zwischen Ihnen beiden steht und es nie zu einer ausgiebigen Freundschaft kommen wird. Das aber sollte Ihnen, selbst wenn das nun gerade der Händ-

Fast überall erhältlich, aber zu stark unterschiedlichen Preisen: Hochwertige Modelle wie die Baureihe 0110

ler von nebenan ist, wenig ausmachen. Verzichten Sie lieber darauf, auszutesten, ob Sie nicht langfristig doch viel günstigere Preise heraushandeln können. In fast allen Fällen dürften Sie sich an diesem Projekt die Zähne ausbeißen.

Der Auslaufartikel/-Verramscher

Das Angebot auf dem Markt, gerade an Rollmaterial, ist riesengroß – und ständig kommen neue Produkte und neue Farbvarianten hinzu. Wer als Händler realistisch kalkuliert, wird zu dem Schluss gelangen, dass ihm Ware, die aus dem Angebot der Hersteller fliegt, auf die Dauer in seinen Regalen keinen großen Nutzen mehr stiftet. Die Devise lautet: aus den Augen, aus dem Sinn. Und das heißt: Was der Kunde nicht mehr im Katalog sieht, das interessiert ihn bald auch nicht mehr sonderlich.

Natürlich kann man als Händler darauf pokern, dass mit der Zeit auch wieder ein paar Fans „nachwachsen" oder sich bei anderen das Interessengebiet verlagert und sie folglich erst später merken, dass sie früher etwas verpasst haben, nach dem sie nun aufwändig suchen müssen. Nur ist es so, dass man auf diese Weise arg viel Kapital binden müsste, wollte man darauf hoffen, dass alle Auslaufartikel später vielleicht doch noch zum Normalpreis abzuverkaufen sind.

Der Händler, der die Lage also kaufmännisch vorausschauend einschätzt, durchforstet einmal im Jahr seine Regale und wird die Lagerhänger „raushauen". Der erste Schritt der Kunden im Laden führt deshalb häufig zum Sonderpreisregal so eines Händlers – und da lassen sich mitunter schöne Sachen mit einem nicht zu verachtenden Preisabschlag erstehen.

Selbstverständlich kann man sich nicht darauf verlasen, dass der Händler auf jeden Fall von allen Artikeln, die gerade auslaufen, zuviel „gebunkert" hat, so dass sich eigentlich alles auf

Herausforderung für den Händler: Die Variantenvielfalt. Die Baureihenfamilie V 160 existiert in zahllosen Spielarten. Oben die klassische Variante in Altrot, unten die derzeit aktuelle in Verkehrsrot mit neuem „DB-Keks"

die Dauer günstiger erwerben lässt, wartet man nur lange genug. Aber: Es gibt durchaus viele Sachen, die man „gern hätte, aber nicht unbedingt braucht". Gerade bei solchen Produkten könnte man die Wartezeit bis zum Auslauf einfach mal „aussitzen" und sich dann freuen, wenn es einem gelingt, sie doch mal günstiger erstehen zu können.

Der Neuheiten-Preisbrecher

Eine andere, gar nicht mal so dumme Strategie ist die folgende: Der heutige schnelllebige Markt lebt von den Novitäten. Was schon ein Jahr auf dem Markt ist, gilt als alter Hut und wird kaum noch beachtet. Die Industrie muss deshalb pausenlos Neuheiten herausbringen, um in aller Munde zu bleiben: Diese Novitäten werden ausführlich in der Fachpresse gewürdigt und erzeugen deshalb oft ein „Muss-ich-auch-haben-Gefühl". Hier setzt der geschickte Kaufmann an:

Der Verkaufsprofi hat unterschiedliche Kalkulationsaufschläge für Neuware und für so genannte Backlistartikel – das ist die Standardware, die sich schon länger in den Katalogen der Hersteller tummelt. Dieser Händler geht genau den entgegengesetzten Weg des Auslauf-Verramschers: Er lockt die Fans mit niedrigen Preisen von Neuheiten in seinen Laden, schafft dadurch viele Kaufkontakte und kann als Nebeneffekt darauf hoffen, dass im gleichen Atemzug auch ein paar Backlistartikel zusätzlich gekauft werden, die er freilich mit einer anderen Handelsspanne ausgezeichnet hat. Entpuppt sich Ihr Händler als so ein gewiefter Experte, ist es keine schlechte Idee, immer dann zuzuschlagen, wenn die Artikel noch neu und daher bei ihm günstig sind.

Natürlich gibt es auch Händler, die beide Strategien kombinieren: Alles Neue ist zunächst einmal günstig. Danach wird es etwas teurer, und wenn es dann wieder aus dem Programm fliegt, wird es (sofern das Lager dann noch nicht geleert ist) wiederum heruntergezeichnet. So ein Händler ist geradezu ein Glücksgriff, und so hoffe ich, dass Sie unter Schnäppchen-Gesichtspunkten langfristig so jemanden auftun werden.

Der Aktionswaren-Profi

Nicht nur die Händler haben mitunter volle Lager und leere Kassen, auch eine Stufe vorher bei den Produzenten kommt so was durchaus mal vor. Dann heißt es auch hier: „Das Zeug muss raus, aber schnell!" In den letzten Jahren war am Markt immer häufiger die Strategie zu beobachten, dass es herstellerseits für die Händlerschaft Tiefpreisaktionen mit ausgesuchten Produkten aus Überbeständen gegeben hat. Man kann das als Nikolausaktion tarnen, oder als Freudenfest, weil man gerade eine runde Zahl an Jahren am Markt ist – oder einfach als einen netten Zug des Herstellers anpreisen, während der sich insgeheim denkt: Wenn wir mit einer Dumpingaktion dem Endverbraucher das Geld aus der Tasche ziehen, dann kann eben der sein sauer Erspartes nicht mehr für die Normalpreisprodukte der Konkurrenz ausgeben – und dann geht's meinen Mitbewerbern ganz schön dreckig, da sie auf ihrer Ware sitzen bleiben.

Dieser moralisch nicht ganz einwandfreie Gedankengang ist für den Modellbahnfan wie ein Geschenk des Himmels: Ganz urplötzlich ist bei seinem Händler mitten im Raum ein Spezialdisplay aufgebaut, das mit einer großen Menge an Loks und Wagen vollgestellt ist – und das zu Preisen, bei denen einem die Kinnlade nach unten klappt. Für den Händler ist die Sache – sofern es ihm gelingt, an solchen Herstelleraktionen teilhaben zu dürfen – auch nicht schlecht, weil die Modellbahner automatisch annehmen, der Fachhändler hätte aus eigenem Antrieb heraus seinen Kunden ein großzügiges Sonderangebot beschert, so dass es sich schon aus diesem Grund lohnt, öfter mal den Laden aufzusuchen und zu durchforsten.

Dass der Händler an solchen Artikeln, prozentual gesehen, häufig noch viel mehr verdient als an der Normalware, weiß man nicht – aber man muss es eigentlich auch nicht wissen, denn so eine Aktion erfreut im Grunde genommen (fast) jeden: Den Händler, der als Wohltäter erscheint, obwohl er oft gar nichts dafür kann (und der vielleicht auf diese Weise Zusatzumsatz macht) – und den Modellbahnfreund, der im Laden endlich mal wieder etwas preisgünstig „abstauben" kann.

Das Ganze funktioniert natürlich nur, wenn es nicht zu häufig und von verschiedenen Herstellern abwechselnd solche Aktionen gibt, denn ansonsten verfeuert der Kunde auf die Dauer seinen ganzen Hobbyetat nur noch für diese Überraschungspreishämmer und hat schließlich kein Geld mehr, um sich auch noch die Normalpreisartikel zu kaufen, die er ansonsten vielleicht mitgenommen hätte. Die logische Folge: Weil diese nun flächendeckend im Regal beziehungsweise im Lager liegen bleiben, gelten auch sie irgendwann als der ultimative Verkaufsflop. Dann müssen als nächstes wiederum diese Artikel rausgeramscht werden, so dass eine Preisaktion schon fast die nächste jagt.

Ohne hier darüber im Detail nachdenken zu wollen, welche Auswirkungen solch eine Politik auf die gesamte Branche hat, sei an dieser Stelle einmal festgehalten: Der regelmäßige „Inspektionsbesuch" beim Fachhändler kann durchaus lohnenswert sein, denn wenn man gerade zum richtigen Zeitpunkt aufkreuzt, lassen sich öfter mal die Produkte aus den neuesten Preisaktionen „abziehen".

Der Versandhändler: Gut & günstig – oder etwa doch nicht?

Der moderne Versender, so heißt es, drückt die Ware preisaggressiv in den Markt und ist deshalb derjenige, der dem klassischen Fachhändler die Rosinen wegschnappt und ihn dadurch in die Pleite treibt. Ein ganz übler Finger also – so zumindest sehen es, immer wieder neu, einige Branchenfachblätter, die gern von Fachhändlern gelesen werden. So hat man auch gleichzeitig einen guten Sündenbock dafür, wenn die eigenen Umsätze zurückgehen.

Doch so einfach ist die Sache nicht. Es gibt inzwischen in unserer Republik genügend Landstriche, in denen Sie mit einem Zirkel durchaus einen Radius von 50 Kilometern und mehr auf der Landkarte einzeichnen kön-

Fachhändler mit Versandabteilung können der Geheimtipp sein

Es gibt kleinere, eher unscheinbare Fachgeschäfte, die sind auf die Idee gekommen, dass es gar nicht mal so schlecht wäre, dann, wenn morgens um 9 Uhr niemand was im Laden kaufen will, ein paar Versandpakete zu packen und somit Zusatzumsatz zu tätigen. Solche Versender, die streng genommen gar keine sind, können für den Modellbahner, dem der Fachhandel vor Ort „abhanden gekommen" ist, von unschätzbarem Nutzen sein.

Kaufen Sie bei so einem Shop ein, in dem der Chef noch selbst bedient, lernen Sie – wenn auch nur am Telefon – durch regelmäßige Anrufe den Inhaber höchstpersönlich kennen und Sie werden auf die Dauer als guter Stammkunde genauso bedient wie bei einem klassischen Fachhändler, wenn es ihn denn in Ihrer Nähe noch gäbe.

Bei so einem Geschäft fallen vielleicht sogar des öfteren mal ein paar Schnäppchen aus Überbeständen für Sie ab, die der Händler unauffällig an Sie durchreicht und bei denen er es sich damit ersparen kann, das eigene Preisniveau im Ladengeschäft durch Preisherabzeichnungen von Einzelartikeln kaputtzumachen.

nen, und innerhalb dieser Zone befindet sich gar kein oder kein gut sortiertes Fachgeschäft mehr. Insofern ist es erst einmal grundsätzlich als ein Verdienst qualifizierter Versender anzusehen, den immer größer werdenden Kreis an Hobbyfans in der „Modellbahnwüste" bedienen zu können. Denn nicht jeder hat ganz zufällig Lust, 100 Kilometer im Auto zu verbringen, um sich gnädigerweise überhaupt etwas kaufen zu dürfen.

Es ist wahr, dass es einige Unterwasserpreis-Versender gibt, die dauerhaft Modellbahnartikel nach der Formel „mein eigener Einkaufspreis + die Mehrwertsteuer = der Verkaufspreis" inserieren. Das heißt, es wird Ware durchgeschoben. Dabei ist durchaus die Frage erlaubt, wie so jemand von dem Null-Ertrag seine eigene Existenz bezahlt, zudem die Ware im Lager, die ganzen Raumkosten, die Anzeigen in den Fachmagazinen und dann noch den Packexperten, der alles bruchsicher auf die Reise bringen soll.

Klar, das funktioniert nicht, und alle paar Jahre erwischt es mit schöner Regelmäßigkeit so einen „Strategen", der dann die berühmten Finger nach oben strecken muss. Sonderbar, aber wahr: Nach jedem Abgang, bei dem sich jemand mit dieser Taktik prompt in die Pleite geritten hat, steht unter Garantie wieder einer neu auf, der es mit exakt derselben Strategie versucht. Für den Fachhandel ist das in der Tat wenig erfreulich, denn solange es solche Verramscher gibt, ziehen die zumindest einen Teil des Umsatzes vom Fachhandel weg, der damit immer weniger einnimmt, aber natürlich trotzdem ein pralles Lager vorweisen soll, damit der geneigte Fan sich auch alles genau im Laden anschauen kann (um es danach womöglich noch bei einem Versand zu bestellen, der diese Ware vielleicht um fünf Prozent günstiger inseriert hat).

Bleiben wir erst einmal beim Versender, der den Fachhandel in den Regionen ersetzt, in denen dieser schon gar nicht mehr vertreten ist. Es gibt durchaus Versandgeschäfte, die beraten Sie telefonisch, bieten dazu einen guten Service an (Sie schicken Ihre defekte Lok einfach an den Versender) – und Ersatzteile können Sie dort auch ordern. Damit haben Sie quasi einen Versender mit Fachhandelsqualitäten. Wie man sich denken kann, hat diese Leistung selbstverständlich ihren Preis und solche Versender werden Sie nicht im Tiefstpreisniveau finden, sondern im Bereich der Kategorie „normal günstig".

Ein großer Versender kann viel am Lager haben – aber es muss nicht zwangsläufig so sein. Ein praller 300-Seiten-Katalog mit

Dampflok: Ist die schwarz und hat die so einen Tender hinten dran?

Einige große Billigversender arbeiten mit Telefonistinnen auf Stundenbasis. Wenn Sie hier eine Frage haben, dann bekommen Sie ein echtes Problem. Und das geht dann so:

■ Wenn Sie was bestellen wollen, geht das noch glatt über die Bühne, denn bei einer exakten Angabe wie: „Bitte 1x Roco 63635 Ellok-Baureihe 150 grün" kann die Dame im PC schon noch nachschauen, ob der Artikel lagernd ist (vorausgesetzt, die Pflege der EDV-Daten funktioniert und der Computerbestand stimmt mit dem Lagerbestand überein).

■ Ganz schön schwierig wird's aber, wenn Sie sich an folgender Testbestellung versuchen würden: „Möcht' gern 'ne Streckendiesellok in H0 Gleichstrom. Baureihe 215 oder 216 oder 218. Fabrikat egal, aber sie sollte altrot sein, nicht so neumodisch: Türkis/Beige mag ich nicht, und Neurot natürlich auch nicht. Was haben Sie denn so da?" Jetzt prophezeie ich Ihnen, dass die ungelernte Fachkraft verschärfte Probleme hat, denn woher soll sie – von den Artikelnummern mal ganz zu schweigen – auswendig wissen oder schnell herausbekommen, dass es zum Beispiel eine 215 von Roco, eine 216 von Brawa und eine 218 von Fleischmann in solchen Farben gibt? So einen Versender tun Sie sich also besser gar nicht erst an.

eng bedruckten Preislisten heißt nun lange noch nicht, dass diese Ware auch am Lager ist. Im dreistesten Fall ist es sogar so, dass der Versand einige Sortimente, nach denen nicht so ganz häufig gefragt wird, einfach einmal durchkalkuliert und als Preisliste abdruckt – und das war's dann schon. Der Händler hat möglicherweise überhaupt nichts am Lager und wird seinerseits erst mit einer Bestellung beim Lieferanten tätig, wenn Sie die Ware bei ihm ordern.

Ob das so ist, werden Sie rasch herausbekommen – denn es nützt Ihnen wenig, wenn Sie an einer Anlage weiterbauen wollen, und dann nach zehn Tagen auf einmal eine Meldung des Versandes im Briefkasten vorfinden, bedauerlicherweise seien alle langen flexiblen Gleise, die Sie bestellt haben, gerade herstellerseits im Rückstand. Selbstverständlich werde man Ihnen aber irgendwann später mal die bestellte Ware zukommen lassen...

Gute Versender prüfen, so wie der Fachhändler am Ort auch, Funktionsware, bevor sie abgeschickt wird. Das kostet natürlich Zeit – und damit Geld. Wer hingegen im Dumpingpreisbereich arbeitet, dem fehlt dazu logischerweise die Zeit. Das heißt, Sie als Endkunde machen die Endkontrolle, denn heutzutage kann man leider nicht mehr automatisch davon ausgehen, dass die Hersteller überhaupt so einen Schritt der Qualitätskontrolle in ihrer Fertigung eingeplant haben. Es gibt Produzenten, die stehen in dem Ruf, sich diese Abteilung eingespart zu haben, weil es immer noch billiger kommt, fünf von 100 Loks umzutauschen als erst mal 100 Loks vor der Auslieferung selbst zu testen.

Noch schlimmer muss es dann kommen, wenn beim Versender auch kein Geld mehr für eine qualifizierte Eingangskontrolle da ist: Rasch die Schachteln in einen dünnwandigen Versandkarton geknallt, eine Lage zusammengeknülltes Packpapier drauf, mit einem Streifen Packband alles verschließen – und ab geht die Post. Wie der von Ihnen beauftragte Versender arbeitet, müssen Sie selbst austesten. Aber glauben Sie mir: Wenn Sie zweimal nacheinander so einen „Bruch" erhalten haben, dass Ihnen die Haare zu Berge stehen und Sie sich nun zeit- und kostenaufwändig mit Retouren herumschlagen müssen, dann nützt Ihnen ein eventueller Schnäppchenpreis überhaupt nichts. Wechseln Sie in diesem Fall lieber sofort den Versender!

Eine beliebte Methode von gewieften Versendern soll hier auch noch gleich genannt werden: Häufig werden in den Fachmagazinen die „Highlights" unter den Neuheiten der Industrie mit niedrigen Vorbestell-

Rückstandsverwaltung – was ist das, bitte schön?

Bedingt durch eine Professionalisierung des Hobbys und damit einhergehend der Aufteilung eines Modells in verschiedene Varianten kommen immer mehr limitierte Einmal-Sonderserien in kleiner Auflage auf den Markt, so dass sich jeder Modellbahner die für seine Epoche passende Variante heraussuchen und vorbestellen kann. Das sollte im Versandhandel so gut wie beim normalen Fachhändler funktionieren.

Zwar steht oft in den Anzeigen und den gedruckten Kundeninfos der Text dabei: „Auslieferung in der Reihenfolge des Bestelleingangs" – nur klappt das leider sehr oft nicht, da die EDV-Systeme so etwas meist nicht automatisch verwalten können. Verschärft wird die Sache dadurch, dass etliche Fans limitierte Produkte grundsätzlich (warum auch immer) erst dann ordern, wenn der Bestellschluss des Handels beim Produzenten schon lange vorbei ist. Das heißt im Normalfall: Bei Auslieferung einer Lok hat der Versender mehr Bestellungen vorliegen als er Loks erhält. Was macht er nun, sofern er die Maschine nicht mehr nachordern kann? Die Wirklichkeit sieht da bedauerlicherweise oft sehr abenteuerlich aus:

- Es geht tatsächlich nach der Reihenfolge des Bestelleingangs. Dann sind sozusagen alle Fans vor dem hohen Herrn Versender gleich, egal, ob sie bei ihm nun viel oder wenig bestellen. Das heißt: Auch der Superstammkunde, der aus Versehen zu spät orderte, kriegt nicht die Lok eines eher „unwichtigeren" Kunden abgezweigt. Seien Sie versichert, dass dies nicht sehr oft passiert.
- Der Händler lässt den Computer entscheiden, wer eine Lok bekommt. Diese Variante ist so eine Art Lotteriespiel für Sie, da eigentlich niemand genau weiß, wer das EDV-Programm für diese Fälle wie programmiert hat und was nun wirklich passiert.
- Es geht nach Umsatzgröße der Kunden. Wird eine Neuheit jetzt nur mengengekürzt ausgeliefert (was bei einigen unfreundlichen Herstellern durchaus öfter mal passiert), dann erhalten die beiden Modellbahnclub-Großbesteller von dem Versender das gesamte Kontingent – und Sie als „ganz normaler Fan" bekommen irgendwann später mal auf der Rückstandsliste eine Notiz abgedruckt: „Kann leider nicht mehr geliefert werden." In diesem Augenblick werden Sie die Lok dann unter Garantie auch woanders nicht mehr ganz einfach erhalten.
- Der Computer sortiert die „Bewerber" nach Nachnamen, Ortsangaben oder nach Postleitzahlen aufsteigend. Sind Sie bei dem Versender nun als „Zero Zwießele" aus „99947 Zimmern (bei Bad Langensalza)" geführt, haben Sie leider ausgesprochen schlechte Karten bei dem Versuch, das von Ihnen vorbestellte Produkt aus einer verknappten Auflage überhaupt jemals zu erhalten.

preisen inseriert. Das heißt aber noch lange nicht, dass alle anderen Neuheiten (und erst recht die ganz normale Lagerware) auch zu diesen Konditionen abgegeben – und damit fast verschenkt – werden. Damit praktizieren diejenigen Versandgeschäfte das so überaus beliebte Motto aus der Politik: Mit der linken Hand gibt man ein bisschen und mit der rechten holt man es sich doppelt wieder zurück. Soll heißen: Es wird darauf gepokert, dass Sie aufgrund der inserierten Niedrigpreise auch Ihren anderen Bedarf bei dieser Quelle gleich mitbestellen, so dass die Kasse dann trotzdem noch kräftig klingelt.

Mein Tipp: Wenn Sie der ultimative Schnäppchenjäger sind, dann besorgen Sie sich am besten die prallen Versandkataloge mehrerer Versender. Auf diese Weise können Sie durch Quervergleiche herausbekommen, ob das Preisniveau linear gleich ist oder ob man versucht, Sie mit speziellen Artikeln zu ködern.

Wer sucht, der findet manchmal: Bunt und vielfältig ist das Angebot auf Tauschbörsen

Der Kauf auf Tauschbörsen: Die Chance des großen Angebots

Die nächste Möglichkeit, um an Material für sein Hobby zu kommen, ist der Besuch so genannter Tauschbörsen, auf denen allerdings immer weniger getauscht wird. Der nette private Modellbahner, der ein einziges kleines Tischchen gemietet hat, auf dem er 20 Loks und Wagen auslegt, von denen er sich im Rahmen einer Sammlungsbereinigung trennen möchte, ist leider zunehmend eine Seltenheit.

Das Geschäft machen immer öfter Profis und Halbprofis, die meterlange Tische gebucht haben und darauf zum Teil Ware auslegen, deren Umfang das Lager vieler kleiner Fachhändler sprengen würde. Aber auch Fachhändler selbst nutzen durchaus die Möglichkeit, auf Börsen auszustellen, um auf diese Weise zum einen ein paar Neukunden zu gewinnen – und zum anderen einem größeren Publikum ihre Lagerhänger zu herabgesetzten Preisen präsentieren zu können.

Der größte Vorteil einer (gut organisierten) Börse ist das reichhaltige Angebot an Ware. So kann man, wie beim Fachhändler auch, die Produkte vor dem Erwerb begutachten und das Rollmaterial auch mal auf ein paar Schienenstücken ausprobieren, bevor man entscheidet, ob man jetzt wirklich die Geldbörse zückt oder lieber die Finger davon lässt.

Ein guter Grund, Börsen zu besuchen, liegt in der Tatsache begründet, dass dort öfter Second-Hand-Händler auftreten, deren Hauptbeschäftigung darin liegt, ganze Sammlungen aufzukaufen, wenn Modellbahnaussteiger diese am Stück zum Erwerb anbieten. Auf diese Weise findet man dann mitunter ein riesiges Angebot an „neuer Second-Hand-Ware" mit Artikeln, die schon seit Jahren im Fachhandel ausverkauft sind. Folglich lassen sich auf diese Weise Zuggarnitu-

Ja, wo sind sie denn, die Schnäppchen?

Ein Blick hinter die Börsenkulissen offenbart, dass Sie als Besucher bedauerlicherweise das letzte Glied in der Kette der Schnäppchenjäger sind:

- Mehrfache Besuche ein und derselben Börse am gleichen Standort werden Ihnen auf Dauer die Erkenntnis bringen, dass mehr als 90 Prozent der Fläche von immer denselben Leuten (mit fast derselben Ware) vorgebucht sind. Für den „Normalmenschen", der dort vielleicht einmalig etwas anbieten möchte, bleibt da oft kein Platz mehr.
- So ein Privatsammler, der einfach mal ein paar Artikel „raushauen" will, würde außerdem das Preisniveau der Börse kaputt machen. Hat so jemand nun doch einen Platz durch Vorbestellung eines Tisches ergattert, passiert es gar nicht mal so selten, dass ein großer Second-Hand-Profi das Angebot auf dem Tischlein vor Börsenbeginn gegen Bargeld besenrein abräumt und die Sachen anschließend auf seinem eigenen Tisch zum Verkauf stehen – nun mit einem wesentlich höheren Preisniveau ausgezeichnet, versteht sich.
- Während sich die Besucher noch an der Eingangstüre vor Einlassbeginn die Nase platt drücken, geht's innen drin bereits munter zu, denn die Aussteller filzen erst einmal gegenseitig all jene Ware, die sie als Schnäppchen zu erkennen glauben. So blüht der Kauf- und Tauschhandel schon vor Börsenbeginn ganz heftig. Da bleibt dann leider mitunter für den normalen Besucher nicht mehr viel zum günstigen Preis übrig...

ren endlich vervollständigen oder Loks erwerben, nach denen man schon so lange sucht.
Die Börsenszene hat aber auch noch ein anderes Gesicht. Nicht jeder, der dort ausstellt, ist ein feiner Kerl, den man in eine gepflegte Unterhaltung verwickeln kann. Einige Börsenprofis haben durchaus noch Nachhilfebedarf in guten Umgangsformen den potenziellen Kunden gegenüber – und es ist außerdem schon so, dass zwischen den ganzen seriösen Anbietern auch schillernde Gestalten auftreten, die so aussehen, als würden ihre meterhoch aufgetürmten Warenberge aus dem letzten großen „Bruch" bei einem Fachgeschäft ein paar hundert Kilometer entfernt stammen... Und das ist zum Teil auch schon vorgekommen!
Ein Missverständnis besteht darin, dass viele Fans glauben, „Börse" sei ein Synonym für „billig". Das muss nicht so sein – im Gegenteil: Einige Verkäufer überbieten durchaus das Preisniveau der am Orte ansässigen Fachhändler und pokern offensichtlich darauf, dass viele Interessenten im hektischen Börsenrummel den Überblick verlieren und zudem auch nicht bequem, wie zu Hause beim Studium mehrerer Preislisten auf einmal, vergleichen können. So hoffen sie, Umsatz tätigen zu können, weil dem Fan in diesem Augenblick entweder die direkte Vergleichsmöglichkeit fehlt – oder weil mancher so heiß auf die Ware ist, dass er lieber schnell kauft, als die Nerven zu

Das Handwerkszeug für den Kauf per Kleinanzeige

Neuware auf Börsen – ist das normal?

Zwar soll, jedenfalls offiziell, auf Tauschbörsen keine brandaktuelle Ware angeboten werden, aber daran hält sich eigentlich fast niemand. Ganz im Gegenteil: In einigen Gegenden werden die Neuheiten von führenden Produzenten mitunter schon auf Börsen angeboten, bevor sie im Fachhandel flächendeckend durchverteilt sind. Und dann natürlich auch noch gleich zu Preisen, für die der Fachhändler sie nicht mal selbst einkaufen kann. Wieso das überhaupt möglich ist, müsste ein ganzes Extra-Kapitel mit diversen Spekulationen füllen. Tatsache ist natürlich, dass man an solchen Hammerangeboten schlecht vorbeigehen kann. Tatsache ist aber auch, dass die meisten Börsenanbieter als Privatleute auftreten und Ihnen keinerlei Garantie bieten. Hat eine neue Lok also einen versteckten Mangel oder knallt nach zwei Stunden Betriebszeit der Decoder durch, können Sie sich überlegen, wie erfreut Ihr Fachhändler sein wird, wenn Sie sich nun zu ihm trauen, um ihn zu fragen, ob er so eine Maschine, von der Sie zufällig „vergessen" haben, wo die eigentlich herkommt, nicht für Sie im Werk umtauschen kann...

haben und abzuwarten, ob bei einem eher hohen Preis der Artikel nicht doch wie Blei liegen bleibt. Denn es könnte ja jemand anders kommen, der einem die Wunschlok wegkauft, weil derjenige noch schwächere Nerven hat als man selbst...

Der Kauf per Kleinanzeige: Reine Vertrauenssache

Modellbahnen kaufen kann man auch von privat zu privat – per Kleinanzeige in den diversen Fachmagazinen. Gerade in Deutschland ist hier das Angebot ziemlich groß, während die Fans benachbarter Länder – egal, ob es nun Österreich oder Frankreich ist – ganz offensichtlich das, was sie einmal erworben haben, ungern wieder hergeben. Die Fachverlage unterstützen dieses Treiben noch durch mitunter sehr niedrige Anzeigenpreise. Das ging bis hin zu der Möglichkeit, Gratisannoncen schalten zu dürfen, aber da der Umsatzkuchen auch bei den Fachzeitschriften sehr begehrt ist und man der Konkurrenz nichts gönnt, haben zahlreiche Verfügungen, mit denen sich einige Verlage gegenseitig bombardierten, dazu geführt, dass Kleinanzeigenschaltungen heutzutage nicht mehr ganz umsonst möglich sind – sondern halt nur noch gegen eine, wenn auch mitunter sehr geringe „Schutzgebühr".

Der Kauf per Anzeige hat etwas mit Vertrauen zu tun. Denn ob etwas wirklich „neuwertig" oder nur „probegelaufen" ist, das wissen Sie halt erst dann, wenn Sie die Modelle auch in den Händen halten. Und ob sich etwas wirklich „in gutem Zustand" befindet oder nicht, darüber können ganz subjektiv die Meinungen stark auseinander gehen. Denn wenn Sie selbst ein gründlicher Zeitgenosse sind, während der Verkäufer das alles nicht so eng sieht, ist Ärger vorprogrammiert. Umso ärgerlicher, weil Sie in vielen Fällen den Betrag vorab überweisen und dann versuchen müssen, ihn sich wiederzuholen, wenn die geschickte Ware wirklich objektiv mangelbehaftet sein sollte.

Einen Privatmann zeichnet gegenüber einem Versandhändler auch noch die Tatsache aus, dass er im Normalfall kein Profipacker ist. Sollten Sie eine bestellte Lok also im dünnen Schuhkarton notdürftig ausgestopft erhalten, dann ist der Frust groß, wenn der Verkäufer hinterher angibt, die Maschine sei echt in einwandfreiem Zustand gewesen, als sie auf die Reise ging. Das kann schon so sein, nur nützt Ihnen das wenig, wenn Sie letztendlich einen Schrotthaufen erhalten, bei dem die Post unter Hinweis auf die nicht fachgerechte Verpackung die Schadenserstattung berechtigterweise verweigert.

Dennoch: Ich persönlich schätze den Weg, Modellbahnartikel auf diesem Versandweg zu erwerben, durchaus, denn wer Glück hat, lernt auf diese Weise ein paar freundliche Zeitgenossen kennen und hat zudem die Chance, mitunter preisgünstig an Artikel zu kommen, die jemand einfach „loseisen" will.

Interessant sind zum Beispiel größere Sammlungsbereinigungen, wenn ein Hobbyfreund mit einem großen „Befreiungsschlag" vom Sammler zum Betriebsbahner mutiert und auf einmal Hunderte von Artikeln auf dem Markt anbietet. Da in diesem Fall kein Second-Hand-Händler zwischengeschaltet ist, der freilich auch noch ein bisschen an der Ware verdienen möchte, kann man beim Stöbern in solchen Listen manchmal durchaus fündig werden.

Ohne Ihnen den Mund nun aber gar zu wässrig machen zu wollen, müssen Sie bei dieser Spielart auch ein paar persönliche „Verluste" einkalkulieren, nämlich die folgenden:

■ Eine beachtliche Anzahl von Leuten inseriert zwar die „superpralle Sonderliste" gegen Rückporto, schickt aber dann überhaupt nichts. Diese schrägen Vögel sammeln offensichtlich postfrische Briefmarken oder, aus ganz düsteren Motiven heraus, die Adressen von Modellbahnfans – etwa für einen Diebstahl.

■ Die „Hammerpreisliste" entpuppt sich mitunter auch als der wahre Preishammer im negativen Sinne, so dass Ihr Fachhändler bei dem Preisniveau durchaus noch hätte mithalten können. Dann ist's schade um das hinausgeworfene Rückporto.

Andererseits habe ich selbst aber schon hervorragende Versandlisten von privat entdeckt, wo man sich als Modellbahner tatsächlich als wahrer Abstauber betätigen konnte. Der Sammlungsbereiniger (oder Hobby-Aussteiger) verfährt dann ganz offenbar nach der Devise: Alles muss 'raus, und das sogleich. Wenn Sie mal an so jemanden kommen, lässt es sich durchaus verschmerzen, bei anderen Adressen hier und da auch mal ein paar Euro an Briefmarken in den Sand gesetzt zu haben.

Zudem geht der Trend dahin, dass es, vor allem bei Jüngeren, heutzutage schon als ziemlich altmodisch gilt, Schriftstücke (und damit auch Versandlisten) mit der „Bummelpost" zu verschicken. Alles muss elektronisch per Computer abgewickelt werden, per E-Mail beziehungsweise über Internet, und das alles auch sofort. Warten ist eine Tugend, die im Aussterben begriffen ist. Und das heißt: Es fordern immer weniger Leute auf dem Postwege Versandlisten an. Das aber ist Ihre Chance, unverzüglich bei guten Angeboten zuschlagen zu können, ohne dass Sie sich womöglich einem immer größer werdenden „Konkurrenzdruck" ausgesetzt sehen!

Profi-Tipp: Anzeigen von hinten nach vorn lesen

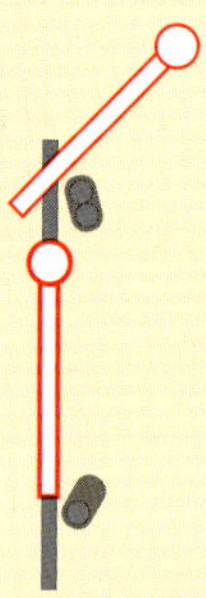

Die Tatsache, dass man als Privatmann zu günstigen Tarifen Kleinanzeigen schalten kann, wird leider auch immer häufiger von Geschäftsleuten missbraucht, die wenig Lust verspüren, erhöhte Zeilenpreise für gewerbliche Anzeigen zu entrichten. Prompt inserieren diese Herren unter Privatverkäufen, zugeschickt bekommen Sie aber dann Versandlisten ganz normaler Geschäftsprofis. Merken Sie sich solche Namen und schreiben Sie die besser nie wieder an.

Dann gibt es noch diejenigen Halbprofis, die in fast allen Magazinen in fast jeder Ausgabe gleich dutzendweise Privatanzeigen schalten: Diese Experten suchen dann in fünf Anzeigen bestimmte Ware, während sie in anderen fünf Anzeigen gleichzeitig massenhaft andere Modelle zum Verkauf anbieten. Ziel solcher Aktivitäten ist es, billig einzukaufen, um die Produkte dann wieder teuer anzubieten. Verfolgen Sie deshalb die Kleinanzeigenszene in den Fachzeitungen über mehrere Monate hinweg, bevor Sie gar zu oft Rückporto spendieren: Tritt jemand pausenlos unter An- wie auch Verkäufen auf, will derjenige Kasse machen – und die Adresse können Sie gedanklich gleich tilgen. Lesen Sie die Anzeigentexte rückwärts, können Sie es sich beim massenhaften und wiederholten Auftauchen bestimmter Namen gleich sparen, den Rest der Anzeige überhaupt noch zu lesen. Lassen Sie solche Leute auf ihrer Ware buchstäblich sitzen!

Auch Gebäudemodelle und anderes Zubehör gibts nicht nur beim Händler

Nur aus zweiter Hand erhältlich: Werksseitig ausverkaufte Modelle

Auktionen im Internet: Das moderne Medium startet durch

Stellen Sie sich mal Folgendes vor: Sie wollen bei Ihrem Händler eine neue Lok erwerben. Der gute Mann hat die nur einmal vorrätig. Kaum sind Sie dabei, ein paar Scheine über den Tresen zu schieben, kommt jemand herein, legt 20 Euro mehr auf den Tisch und sagt: „So, jetzt gehört sie mir." Der Händler sieht das erfreut auch so. Was machen Sie jetzt? Oder anders gefragt: Werden Sie diesen Laden noch einmal betreten?

Genau diese Frage sollten Sie sich stellen, bevor Sie anfangen, im Internet Modellbahnen zu kaufen, oder besser: zu ersteigern, denn bei dieser Spielart geht es nicht darum, im Netz die Preisliste eines Versenders herunterzuladen oder dort gleich online anzukreuzen, was Sie gern hätten, um Ihre Bestellung dann per elektronischer Post auf die Reise zu schicken.

Denn diese Variante wäre ja eigentlich nichts anderes als die moderne Form des Kaufs im Versand, nur sind Sie hier beim Herunterladen der geballten Preislisten aus dem Netz so frei, sich das Rückporto für die Anforderung von Listen auf dem Postweg zu sparen – dafür aber beackern Sie Ihren Drucker, der Ihnen dann die gewünschten 150 Seiten liefert. Dass einen das vielleicht den Inhalt einer halben Tonerkartusche kostet und damit x-mal so viel wie die gedruckte Liste per Post, sei einmal dahingestellt: Hauptsache, man ist Internet-Profi und kann deshalb mitreden.

Nein, bei den immer beliebter werdenden Internet-Auktionen passiert Folgendes: Private (?) Anbieter stellen einzeln die Produkte ins Netz, von denen sie sich trennen wollen. Diese kann man auf dem Bildschirm anklicken und dazu – wenn man Glück hat – auf einer vom Verkäufer ausgefüllten Maske noch Zusatzinfos ansehen.

Der Verkäufer bietet diese Artikel entweder frei ohne Mindestpreis an oder aber er verlangt, dass ein bestimmtes Mindestgebot abgegeben werden muss. Gebote können die registrierten Bieter online abgeben, so dass

Ihr eigenes derzeitiges Höchstgebot also sofort in dem Augenblick, in dem Sie es am PC eingegeben haben, im Netz erscheint. Leider gibt es natürlich ein Auktionsende für jeden Artikel. Das kann zum Beispiel eine Frist von drei Tagen oder einer Woche sein. Derjenige, der am Schluss der Auktion in der buchstäblich letzten Sekunde das höchste Gebot abgegeben hat, erhält den Zuschlag und bekommt das Objekt zugesprochen.
Das alles wird durch den Internetanbieter verwaltet, der sich meist auch gleich eine Einstellgebühr für jedes Angebot und eine prozentuale Beteiligung für jedes verkaufte Stück genehmigt. Diese Beträge muss zwar der Verkäufer zahlen, doch immer mehr Leute gehen dazu über, diese lästigen Summen gleich dem Bieter aufzubrummen, so dass, neben dem Porto für den Artikelversand, hier weitere Zusatzkosten entstehen können.
Es ist schwer, diesen Verkaufszweig für Modelleisenbahnen treffsicher zu würdigen, da er sich erst in der Entwicklung befindet. Faktum ist jedoch, dass sich bei allem Neuen unschöne Geschäftemacher geradezu herausgefordert fühlen, die Chancen, die so ein modernes Medium bietet, für ihre eigenen Zwecke zu missbrauchen.
Sehr oft wird – das ist ein Faktum – alter Schrott übers Internet angeboten. Zufällig oder absichtlich fehlen zum Beispiel die Artikelnummern, und so kommen Sie gar nicht auf die Idee, dass bei der Angebotszeile „fünf neue gedeckte Fleischmann-Güterwagen (Mindestgebot 49 Euro)" rein zufällig dies nur alte „Möhren" ohne Kurzkupplungs-Kinematik und ohne Originalkarton sind – Modelle also, die der betreffende Anbieter vorher weder auf der Börse noch per Kleinanzeigenliste weggebracht hat.
Dass einige Anbieter mitunter offenbar nicht mal Grundkenntnisse in der deutschen Rechtschreibung oder vom Modellbahnmarkt haben und wahrlich dümmliche Produktbeschreibungen wie „Diesellock („Lok" mit „ck"...) von Lima, rot, schön, ganz neu" ins Netz stellen, das braucht schon gar nicht mehr kommentiert zu werden.
Als besonderer Hemmschuh dieses Vertriebszweiges erweist sich die Anonymität des Verkäufers. Der darf nämlich (so wie der Bieter auch) mit einem Pseudonym auftreten. Das heißt: Wer denn nun wirklich „Graf Mucki" ist, bei dem Sie gerade eine Lok ersteigern wollen, das wissen Sie erst dann, wenn Sie bei Auktionsende den Zuschlag erhalten haben. Einige Leute

Der ultimative Tipp bei Auktionen: Bieten mit Augenmaß

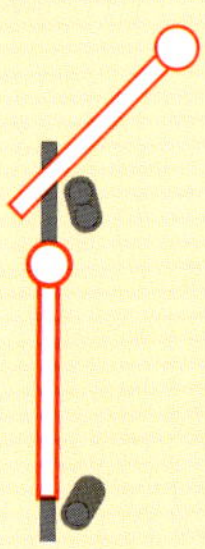

Der Reiz von Versteigerungen beruht ganz offensichtlich auch darin, dass man sich dem Sog des Mitbietens schwer entziehen kann, wenn man für sich selbst entschieden hat, einen bestimmten Artikel jetzt besitzen zu wollen. Was bei keinem Händler im Laden und bei keiner Modellbahnbörse funktioniert, das klappt hier recht oft: Konkurrierende Fans bieten sich in der Endphase der Auktion gegenseitig hoch und schalten dabei offenbar ihren Verstand aus.
Das nützt letztendlich nur dem Verkäufer, wenn mehrere Bieter alle von dem Gedanken besessen sind, es den anderen, die ein bestimmtes Modell auch haben wollen, jetzt mal so richtig zu zeigen, frei nach dem Motto: „Aha! Das ist doch unter Garantie schon wieder Captain Zottel, der mich da überbieten will. Den mach ich fertig – Und wenn ich dafür das Doppelte bieten muss, Hauptsache, dieser Kretin kriegt das Teil nicht!"
Wenn Sie doch einmal in die Welt der Internetauktionen einsteigen wollen, dann halten Sie sich am besten zurück: Setzen Sie sich vorab ein Limit! Bieten Sie nicht mehr, als Sie für eine Lok oder einen Wagen auch im Fachgeschäft oder auf einer Börse bezahlen würden. Wenn Sie merken, dass Ihnen das schwer fällt und Sie auch dazu neigen, anderen online Preislektionen erteilen zu wollen (obwohl Sie sich streng genommen damit nur selbst strafen und nicht die anderen), dann lassen Sie es lieber ganz bleiben, sich bei diesem Medium weiter zu engagieren.

Neben Fahrzeugen kann im Internet auch Zubehör ersteigert werden

haben sich in der Kleinanzeigenszene, von der wir eben sprachen, einen so schlechten Ruf „erarbeitet", dass bei ihnen fast niemand mehr etwas bestellen würde, wenn sie mit ihrem „guten Namen" inserieren. Solche Leute sind natürlich hervorragend in dem neuen Medium aufgehoben.

Ganz interessant ist, dass einige virtuelle Auktionshäuser inzwischen Maßnahmen zur Selbstregulierung eingebaut haben. So können nach einem getätigten Geschäft der Käufer wie der Verkäufer den jeweils anderen Partner des Auktionsartikels hinterher mit einem „Plus"- oder einem „Minus"-Zeichen bewerten, je nachdem, ob man als Verkäufer mit der Zahlungsmoral des Kunden oder als Käufer mit der Qualität der eingetroffenen Ware zufrieden war. Tritt also Graf Mucki gehäuft als Auktionsanbieter auf, kann man sich online eine Statistik auf den Bildschirm zaubern lassen, wieviele positive wie negative Bewertungen der Mann denn schon hat.

Wichtig erscheint mir dabei nicht, wie die ausgeklügelten gegenseitigen Bewertungen funktionieren – sondern vielmehr, dass solche Systeme überhaupt eingeführt wurden. Das zeigt nämlich die pure Notwendigkeit an, dass bei diesem Vertriebszweig, noch viel mehr als bei anderen Verkaufskanälen, vieles im Argen liegt, so dass solche Sanktionssysteme auch dringend gebraucht werden.

Und, ganz im Vertrauen gesagt, wenn Graf Mucki es nun geschafft hätte, fünf Pluspunkte und 15 Minuspunkte innerhalb kürzester Zeit zu ernten, dann wird er sich danach einfach über den Computer seiner Freundin neu registrieren lassen und vielleicht als „Bruder Eros" wieder neu und ohne ein Minuskonto auftreten. Dann kann er unvorbelastet ganz von vorn anfangen und es wieder so richtig krachen lassen, bis den Leuten auffällt, dass er als „Minus-Mann" nicht gerade die beste Adresse ist, von der man etwas ersteigern sollte. Mitarbeiter meines Teams, die die Modellbahn-Internetszene im Detail verfolgen, berichten immer wieder, dass es tendenziell bei diesen Versteigerungen so aussieht:

- Entweder man stellt von der Technik überholten „Schrott" ins Netz und hofft darauf, dass jemand das kauft, nur weil's billig ist. Tatsächlich funktioniert das sogar sehr oft, so dass man hier – vermutlich an Unwissende – alten Krempel veräußert bekommt, für den der Platz auf jedem Börsentisch schon fast zu schade wäre.
- Oder aber bestimmte Artikel werden bis zum Auktionsende gar nicht verkauft: Verlangt der Verkäufer zum Beispiel ein realistisches Mindestgebot im „normalgünstigen" Bereich, dann ist die Sache zum Ersteigern irgendwie uninteressant, weil man hier ja nicht das Ultraschnäppchen machen kann.
- Ist es andererseits so, dass kein Mindestgebot gefordert wird, dann ersteigert irgendein zweifelhafter Spaßvogel eine Lok in der letzter Minute für 25 Euro, auch wenn die durchaus einen Marktwert von 100 Euro hätte. Dabei ist egal, ob er selbst die Lokomotive überhaupt braucht, Tatsache ist vielmehr: Dem dummen Anbieter, der sich fälschlicherweise darauf verlassen hat, dass sich dieser Artikel hochsteigern wird, hat man es echt gezeigt, und nun muss er seine Ware zum Dumpingpreis abtreten.

Bei Modellbahnauktionen im Internet geht's also hauptsächlich darum: Entweder der Verkäufer wird über den Tisch gezogen und muss seine Verkaufsartikel viel zu günstig hergeben oder der Käufer wird über den Tisch gezogen, weil er Minderwertiges zu überhöhten Preisen ersteigert hat.

Diese moralisch verwerfliche Atmosphäre übt offensichtlich auf viele Leute einen besonderen Reiz aus.Freilich, es gibt auch

Faszination Modellbahn: Eine schön gestaltete Modellbahnanlage ist der Stolz ihres Erbauers

Ausnahmen, und mitunter kann man als Modellbahnprofi bei Einzelartikeln fündig werden, die man schon lange gesucht hat und die nun jemand gerade im Netz anbietet. Dann kann man sich den Preis überlegen, den man für so ein Modell im Höchstfall zu zahlen bereit ist. Der Tipp für den Anfänger, für den der Markt nicht vollständig transparent ist, lautet aber: Dieses Medium ist für den Einstieg in das Modellbahnhobby gänzlich ungeeignet. Nur erfahrene Profis, die sich im Marktangebot, in den Sortimenten der Modellbahnhersteller und womöglich noch im Preisspiegel des Handels auskennen, können diese Auktionen zum eigenen Gewinn nutzen! Alle anderen schauen eher in die Röhre.

Die große Welt der kleinen Bahnen

Immer wenn die Tage kürzer werden, kommt die große Zeit der Modelleisenbahn. Und so bunt und vielfältig wie das große Vorbild, ist auch die Welt der Miniatureisenbahnen in den Hobbykellern. Da rollen lange Züge über zweigleisige Hauptstrecken, da rumpeln kurze Schmalspurfuhren mitten durchs Dorf. Dieser Bildband zeigt die schönsten und interessantesten Modellbahnanlagen in allen gängigen Baugrößen.

Die schönsten Modellbahn-Impressionen
128 S., 150 Abb.,
ISBN 3-7654-7263-8

Lubosch Wimmer, Ulrich Rockelmann
Kleine Basteltipps für die Modellbahn
128 S., 140 Abb.
ISBN 3-7654-7264-6

Ulrich Rockelmann
Bahnhofs-Gleispläne
Vorbild und Modell
128 S., 120 Abb.
ISBN 3-7654-7266-2

Markus Tiedtke
Das große Handbuch der Modelleisenbahn
144 S., 350 Abb.
ISBN 3-932785-62-2

GeraMond

Im gut sortierten Buchhandel. / Internet: www.geramond.de